100 Psycho-Tricks für den Alltag

So erkennst du Lügen, Absichten und Emotionen

Einleitung
Die Kunst, Menschen zu lesen

1. Warum ist Körpersprache so wichtig?

Die Fähigkeit, Körpersprache zu lesen, ist eine der wertvollsten Kompetenzen, die wir als Menschen besitzen. Lange bevor die Sprache entstand, kommunizierten unsere Vorfahren mit Gesten, Mimik und anderen nonverbalen Signalen.

Der Mensch war und ist ein soziales Wesen, das instinktiv auf kleinste Hinweise im Verhalten anderer achtet, um Gefahr zu erkennen, Verbündete zu finden und sich im sozialen Gefüge zurechtzufinden. Diese Mechanismen sind heute noch tief in uns verwurzelt. Ob wir es merken oder nicht: Wir senden und empfangen ständig Signale, die das Verständnis unserer Umwelt beeinflussen.

Die Körpersprache gibt uns Aufschluss darüber, was jemand wirklich fühlt, auch wenn das Gesagte etwas anderes behauptet. Unser Körper „verrät" uns in vielerlei Hinsicht – sei es ein unruhiges Zucken im Gesicht, das signalisiert, dass jemand lügt, oder eine zugewandte Haltung, die Interesse und Zuneigung ausdrückt.

Dieses Buch hilft dir, diese Signale ganz bewusst wahrzunehmen und zu deuten, damit du deine Mitmenschen besser verstehst.

2. Was verrät uns die Wissenschaft über nonverbale Kommunikation?

Die Forschung hat in den letzten Jahrzehnten zahlreiche Erkenntnisse über die Bedeutung nonverbaler Signale gesammelt. Man geht davon aus, dass etwa 60-70 % der menschlichen Kommunikation über Mimik, Gestik und Körperhaltung vermittelt werden, während nur 30-40 % tatsächlich aus gesprochenen Worten bestehen.

Nonverbale Signale laufen oft unbewusst ab – wir denken vielleicht, dass wir durch Worte kommunizieren, aber die Botschaft, die wir wirklich senden, findet oft über Körpersprache statt.

Dieses Buch greift die Erkenntnisse aus der Wissenschaft auf, aber ohne komplizierte Fachbegriffe und unverständliche Theorie.

Stattdessen geht es hier darum, wie du die Signale anderer bewusst wahrnehmen und selbstsicher interpretieren kannst. Jeder Abschnitt gibt dir einfache Methoden an die Hand, die du ohne großes Vorwissen anwenden kannst.

Ein gezielter Blick auf die Körperhaltung, die Mimik oder die Stimme deines Gegenübers kann dir zeigen, ob jemand ehrlich ist, nervös, verärgert oder unsicher – und oft sind es gerade diese Hinweise, die im sozialen Miteinander den Unterschied machen.

3. Worum geht es in diesem Buch und wie ist es aufgebaut?

Dieses Buch ist ein praxisorientierter Leitfaden für alle, die Körpersprache verstehen und nutzen möchten – sei es im Alltag, im Beruf oder in Beziehungen. Jeder von uns kennt das Gefühl, dass jemand nicht ganz ehrlich ist oder dass eine Situation irgendwie „komisch" wirkt, ohne genau zu wissen, warum.

Das sind Momente, in denen dein Unterbewusstsein bereits Signale aufnimmt, die du noch nicht ganz entschlüsseln kannst. Genau hier setzt dieses Buch an.

Du lernst, diese kleinen, oft unbewussten Signale zu erkennen und gezielt zu nutzen, um Menschen besser zu verstehen und auch selbstbewusster aufzutreten.

Das Buch ist in zehn Kapitel unterteilt, die sich auf verschiedene Aspekte der Körpersprache konzentrieren: von der Fähigkeit, Lügen zu erkennen, bis hin zum Erkennen von Stress und Anziehung.

Jedes Kapitel enthält zehn leicht verständliche Psychotricks, die du ohne Vorkenntnisse anwenden kannst. Am Ende jedes Unterpunkts findest du einen praktischen Tipp, der dir hilft, das Gelernte sofort in die Praxis umzusetzen.

4. Was kannst du aus diesem Buch lernen?

Dieses Buch ist für den Alltag gedacht – es geht nicht darum, ein Psychologe oder ein Körpersprache-Experte zu werden, sondern darum, die wichtigsten und praktischsten Psychotricks kennenzulernen.

Du wirst lernen, wie du erkennst, wenn jemand lügt, wie du versteckte Emotionen identifizierst, wie du in Gesprächen sicherer auftrittst und wie du Anzeichen von Stress oder Anziehung wahrnimmst.

Dieses Wissen kann in nahezu jeder Situation nützlich sein: bei Gesprächen mit Kollegen, in wichtigen Verhandlungen, beim Kennenlernen neuer Menschen oder einfach im täglichen Miteinander.

Mit diesen Kenntnissen kannst du dich besser auf andere einstellen, Missverständnisse vermeiden und sogar das Vertrauen deiner Mitmenschen gewinnen. Körpersprache ist wie ein offenes Buch, das du lesen kannst, sobald du die Grundlagen kennst.

Das Buch gibt dir das notwendige Wissen an die Hand, um das Verhalten deiner Mitmenschen zu entschlüsseln und selbstbewusster auf sie zu reagieren.

5. Wie kannst du das Wissen über Körpersprache für dich nutzen?

Das Verstehen von Körpersprache bringt dir nicht nur einen Vorteil im Umgang mit anderen, sondern stärkt auch dein eigenes Selbstvertrauen.

Wenn du die Signale deines Gegenübers besser deuten kannst, wirst du automatisch selbstsicherer und gelassener in Gesprächen auftreten. Das Buch zeigt dir auch, wie du deine eigene Körpersprache positiv beeinflussen kannst. Durch eine bewusste Haltung und Gestik kannst du dir selbst mehr Sicherheit geben und das Vertrauen deines Gegenübers gewinnen.

Stell dir vor, du sitzt in einem wichtigen Gespräch und kannst anhand der Körpersprache erkennen, ob dein Gegenüber wirklich interessiert ist, ob er Zweifel hat oder ob er unsicher ist.

Solche Informationen sind Gold wert und helfen dir, deine eigene Strategie anzupassen und selbstbewusster aufzutreten.

Menschen lesen bedeutet nicht, andere zu manipulieren, sondern sich ein besseres Bild von einer Situation zu machen und deine Interaktionen so zu gestalten, dass sie für alle positiv und erfolgreich verlaufen.

6. Dein Weg zum besseren Menschenverständnis

Das Buch gibt dir die Möglichkeit, nonverbale Signale bewusst wahrzunehmen und das Verhalten anderer zu entschlüsseln. Die Psychotricks, die du hier lernst, sind einfach, leicht anwendbar und perfekt für den Alltag geeignet.

Sie helfen dir, deine Mitmenschen besser zu verstehen und mit ihnen sicherer und erfolgreicher zu kommunizieren. Körpersprache ist eine Kunst, die jeder erlernen kann – und dieses Buch ist dein praktischer Leitfaden dazu.

Ob im Beruf, in Beziehungen oder im Freundeskreis – nutze dieses Wissen, um aufmerksamer und bewusster auf andere einzugehen, dich selbst positiv zu präsentieren und das Beste aus jeder Begegnung herauszuholen.

Wir wünschen dir viel Spaß!

Inhaltsverzeichnis

1. Lügen erkennen

2. Emotionen deuten

1. Erkennen von Freude durch Augen und Mund

2. Unterscheidung zwischen echter und gespielter Freude

3. Überraschung und ihre flüchtigen Zeichen

4. Angst und ihre typischen körperlichen Reaktionen

5. Traurigkeit – Zeichen in Mimik und Körpersprache

6. Wut erkennen: Körperspannung und Blickrichtung

7. Ekel oder Abneigung an den Gesichtszügen ablesen

8. Scham und Verlegenheit anhand von Gesichtsausdrücken

9. Stolz und Selbstzufriedenheit in der Haltung

10. Verständnis von komplexen Emotionen

3. Stimmverhalten

1. Lautstärkeanpassungen und ihre Bedeutung

2. Tonhöhe und Stimmlage bei Lügen

3. Zittern und Unsicherheit in der Stimme erkennen

4. Monotonie vs. Lebendigkeit: Was es über Emotionen verrät

5. Pausen und Zögern – Anzeichen von Nachdenken oder Unsicherheit

6. Betonung bestimmter Wörter

7. Atemveränderungen und ihre Bedeutung

8. Geschwindigkeitsänderungen beim Sprechen

9. Stimme als Dominanzinstrument

10. Sprachmuster bei Emotionen und Lügen

4. Körpersprache in Verhandlungen

1. Haltung und Standfestigkeit als Zeichen von Selbstbewusstsein

2. Hände auf dem Tisch – Offenheit oder Druckmittel?

3. Verschlossene Haltung: Arme verschränken

4. Fuß- und Beinhaltung während eines Gesprächs

5. Mikrogesten als Zeichen für Nervosität

6. Synchronität von Gesten – Zeichen für Harmonie

7. Distanz und Nähe als Verhandlungssignal

8. Kopfnicken und -schütteln als subtile Reaktion

9. Blickkontakt und seine Wirkung

10. Reaktionen auf aggressive Fragen oder Aussagen

5. Beziehungen und Nähe

1. Distanzzonen und ihre Bedeutung

2. Körpersprache bei Freundschaft und Vertrautheit

3. Berührung als Zeichen von Nähe und Vertrauen

4. Spiegeln der Gesten – Sympathie zeigen

5. Entspannte Haltung als Zeichen für Wohlbefinden

6. Gekreuzte Beine und ihre Bedeutung

7. Häufiger Blickkontakt in persönlichen Gesprächen

8. Häufiges Lächeln – Authentisch oder gezwungen?

9. Reaktionen auf persönliche Fragen

10. Körpersprache in Gruppen vs. Einzelgesprächen

6. Selbstsicherheit und Unsicherheit

1. Aufrechte Haltung vs. gebückte Haltung

2. Blickkontakt halten als Zeichen von Selbstvertrauen

3. Ruhige Hände und Arme

4. Füße fest am Boden – Standhaftigkeit

5. Übertriebene Gesten als Unsicherheitsanzeichen

6. Dominante oder zurückhaltende Sitzhaltung

7. Körperspannung und ihre Bedeutung

8. Vermeidung von Augenkontakt bei Unsicherheit

9. Stimmverhalten bei Selbstsicherheit und Unsicherheit

10. Gesichtsausdrücke, die Unsicherheit verraten

7. Flirten und Anziehung

1. Häufiger Blickkontakt und Lächeln

2. Körperlicher Abstand und seine Bedeutung

3. Berührungen während des Gesprächs

4. Lippenbefeuchten oder Lächeln

5. Fußrichtung und -haltung

6. Spiegeln der Körpersprache als Zeichen von Interesse

7. Mimik und Ausdruck bei Anziehung

8. Verlegene Gesten oder Berührungen am Nacken

9. Stimmverhalten und Flirten

10. Subtile Zeichen für Ablehnung oder Interesse

8. Stress und Nervosität erkennen

1. Zittern der Hände oder Stimme

2. Schnellere Atmung und Herzschlag

3. Häufiges Schlucken oder Räuspern

4. Vermeidung von Augenkontakt

5. Schwitzen an Stirn und Händen

6. Körperliche Abwendung oder Rückzug

7. Reiben von Händen oder Fingern

8. Hektische oder unruhige Bewegungen

9. Kurze, abgehackte Sätze

10. Nervöse Lächeln oder Verlegenheit

9. Nonverbale Machtspiele

1. Dominante Haltung und aufrechter Stand

2. „Raum einnehmen" – breite Gesten und Haltung

3. Direktes Anstarren als Dominanzgeste

4. Berührung als Zeichen von Überlegenheit

5. Hände hinter dem Rücken oder auf dem Tisch

6. Unterbrechen des Gegenübers

7. Tiefe und laute Stimme als Machtmittel

8. Verdecktes Lächeln oder „herablassendes" Nicken

9. Festes Händeschütteln

10. Verwendung von Distanz und Nähe als Machtmittel

10. Kulturelle Unterschiede

1. Blickkontakt in verschiedenen Kulturen

2. Körperliche Nähe und ihre Bedeutung

3. Bedeutung des Lächelns international

4. Händeschütteln, Verbeugen oder Küssen

5. Gesten und ihre missverständliche Wirkung

6. Kommunikation über Hände und Finger

7. Raumgefühl und Distanzzonen

8. Sprechen mit der Stimme und Körper in verschiedenen Ländern

9. Respektvolle Körpersprache in formellen Kulturen

10. Wichtige Do's and Don'ts im Umgang mit fremden Kulturen

Kapitel 1
Lügen erkennen

1. Blickkontakt vermeiden oder überkompensieren

Beschreibung:

Ein auffälliges Zeichen für eine mögliche Lüge ist der Blickkontakt – genauer gesagt, das bewusste Vermeiden oder das übermäßige Suchen des Blickkontakts. Menschen, die lügen, fühlen sich oft unwohl dabei, direkt in die Augen ihres Gegenübers zu schauen.

Dieses Unwohlsein kann dazu führen, dass sie den Blickkontakt vermeiden, abwenden oder sich gezielt auf andere Punkte im Raum konzentrieren. Gleichzeitig gibt es jedoch auch Lügner, die genau das Gegenteil tun und übertriebenen Blickkontakt suchen, um die eigene Glaubwürdigkeit zu unterstreichen. Dieser starre Blick wirkt oft unangenehm und lässt den Gesprächspartner aufmerksam werden.

Beobachtung:

Um diesen Trick anzuwenden, achte darauf, wie jemand auf Blickkontakt reagiert. Wirkt der Blick natürlich, oder scheint die Person bewusst den Augenkontakt zu suchen oder zu vermeiden? Achte auf eine Tendenz, den Blick abzuwenden, wenn kritische Fragen gestellt werden. Auch ein plötzlich sehr intensiver Augenkontakt kann eine Strategie sein, um dich von der Wahrheit abzulenken.

Praxisbeispiel:

Wenn du jemandem eine Frage stellst und bemerkst, dass der Blick schnell abgewandt wird oder das Gegenüber auf einmal intensiv in die Augen schaut, ist dies oft ein Zeichen dafür, dass die Person sich mit der Frage unwohl fühlt. Diese Reaktion könnte auf eine Lüge oder auf das Bedürfnis hinweisen, Informationen zurückzuhalten.

TIP: Achte auf den natürlichen Fluss des Blickkontakts. Halte selbst einen ruhigen, natürlichen Augenkontakt und beobachte, wie die andere Person reagiert.

Ein plötzlicher Wechsel in der Blickrichtung oder ein starrer Blick können erste Anzeichen für Unbehagen oder Unsicherheit sein.

2. Unregelmäßigkeiten in der Stimme

Beschreibung:

Unsere Stimme kann viele unbewusste Signale senden, besonders in Momenten der Anspannung oder bei Unehrlichkeit. Ein Lügner zeigt oft unbewusst eine Veränderung in der Stimmlage: Die Stimme kann plötzlich höher klingen, anfangen zu zittern oder einen heiseren Ton annehmen. Diese Stimmveränderungen entstehen meist durch Nervosität oder das Bewusstsein, nicht die Wahrheit zu sagen. Die Stimme spiegelt den inneren Konflikt wider, den der Lügner gerade durchmacht.

Beobachtung:

Eine Möglichkeit, Unregelmäßigkeiten in der Stimme zu bemerken, ist es, auf die gewöhnliche Stimmlage und -höhe des Gegenübers zu achten.

Wenn sich plötzlich die Stimmlage hebt oder das Gegenüber langsamer und bedächtiger spricht als zuvor, kann das ein Hinweis auf eine Lüge sein. Auch ein plötzliches Hüsteln oder Räuspern kann auf Nervosität und Unehrlichkeit hindeuten.

Praxisbeispiel:
Stelle dem Gegenüber gezielte Fragen, und achte darauf, ob sich die Stimme in diesen Momenten verändert. Ein Anzeichen kann zum Beispiel sein, wenn die Stimme leiser oder schneller wird. Je entspannter die Person ist, desto stabiler bleibt in der Regel die Stimme.

TIP: Höre genau hin: Ein plötzliches Heben der Stimme, Pausen oder ein Zögern deuten auf mögliche Unsicherheit oder Unwohlsein hin. Veränderte Tonhöhen sind oft Zeichen dafür, dass etwas nicht stimmt.

3. Berührungen des Gesichts oder der Haare

Beschreibung:

In Momenten der Unsicherheit, vor allem bei einer Lüge, neigen Menschen oft dazu, ihr Gesicht zu berühren, beispielsweise die Nase zu reiben, sich

durchs Haar zu fahren oder sich am Kinn zu kratzen. Diese unbewussten Bewegungen dienen als Ventil für die Nervosität und sind eine Reaktion auf den inneren Druck, der mit einer Lüge oder Halbwahrheit einhergeht. Das Gesicht ist besonders sensibel, und viele Menschen neigen dazu, es zu berühren, wenn sie sich unwohl oder „enttarnt" fühlen.

Beobachtung:

Achte darauf, ob die Person im Gespräch oft das Gesicht berührt, insbesondere in Momenten, in denen sie etwas Kritisches oder Sensibles erzählt. Auch wenn jemand plötzlich sein Haar glattstreicht oder an den Fingernägeln spielt, kann das auf ein Unbehagen hinweisen. Diese kleinen Gesten sind unbewusste Zeichen und verraten viel über die Stimmung und das innere Befinden des Gegenübers.

Praxisbeispiel:

Stelle eine Frage, bei der du weißt, dass die Antwort möglicherweise schwierig oder unangenehm ist. Wenn die Person beginnt, häufig ihr Gesicht zu berühren oder sich durchs Haar zu streichen, könnte dies ein Hinweis auf Nervosität und möglicherweise Unehrlichkeit sein.

TIP: Achte besonders auf das Gesicht und die Hände. Wenn sich jemand oft ins Gesicht fasst oder ständig mit den Haaren spielt, deutet das oft auf Unbehagen oder Unsicherheit hin – ein potenzielles Zeichen für eine Lüge.

4. Veränderung in der Körperhaltung

Beschreibung:

Die Körperhaltung ist ein starker Indikator für innere Unruhe und kann sich bei einer Lüge deutlich verändern. Wenn jemand lügt, nimmt er oft unbewusst eine abwehrende oder verschlossene Haltung ein, als würde er sich selbst schützen wollen.

Das kann sich durch ein leichtes Zurücklehnen, das Verschränken der Arme oder das Wegdrehen des Oberkörpers zeigen.

Lügner zeigen oft weniger Offenheit und wirken zurückhaltender, um sich vor dem Entdecken ihrer Lüge zu schützen.

Beobachtung:

Achte darauf, ob sich die Körperhaltung deines Gesprächspartners plötzlich verändert, besonders dann, wenn du kritische Fragen stellst. Wenn eine offene, entspannte Haltung plötzlich defensiver wird oder wenn die Person Abstand nimmt, kann das ein Zeichen für ein unbehagliches Gefühl sein. Manche Menschen vermeiden es auch, sich dem Gesprächspartner ganz zuzuwenden, und stellen sich leicht seitlich hin.

Praxisbeispiel:

Versuche es mit einer unerwarteten Frage oder einer Nachfrage, wenn du das Gefühl hast, dass dein Gegenüber nicht ehrlich ist. Eine Veränderung in der Haltung – wie ein leichtes Zurücklehnen oder das Einnehmen einer abwehrenden Haltung – kann darauf hinweisen, dass dein Gegenüber die Frage unangenehm findet und etwas verbergen könnte.

TIP: Halte Ausschau nach einer Veränderung in der Körperhaltung. Ein plötzliches Zurücklehnen oder das Verschränken der Arme sind oft Anzeichen für Unbehagen und Unsicherheit – möglicherweise ein Zeichen für Unehrlichkeit.

5. Zögerliche Antworten oder zu schnelle Reaktionen

Beschreibung:

Die Geschwindigkeit, mit der jemand auf eine Frage antwortet, kann viel über die Ehrlichkeit der Antwort verraten. Wenn eine Person lügt, braucht sie oft einen Moment, um die „richtige" Antwort zu formulieren, was zu einem kurzen Zögern führt.

Auf der anderen Seite kann ein Lügner auch eine vorbereitete Antwort parat haben und daher ungewöhnlich schnell und direkt reagieren, um möglichst glaubwürdig zu wirken. Beide Extreme – das Zögern und die überhastete Antwort – können Anzeichen für Unehrlichkeit sein.

Beobachtung:

Achte darauf, wie flüssig und spontan eine Antwort kommt. Wenn jemand zu lange überlegt oder eine Antwort unnötig schnell und sicher wirkt, könnte dies ein Hinweis darauf sein, dass die Person ihre Worte vorsichtig wählt oder vorbereitet hat.

Ein erfahrener Lügner wird oft schnell und entschlossen antworten, um nicht verdächtig zu wirken.

Praxisbeispiel:

Stelle deinem Gegenüber eine unerwartete Frage und beobachte die Reaktion. Ein Lügner wird häufig eine winzige Pause machen, bevor er antwortet, oder ungewöhnlich rasch und „perfekt" antworten, als hätte er die Antwort schon im Kopf zurechtgelegt.

TIP: Achte auf das Timing der Antwort. Wenn dein Gegenüber zu schnell oder zu zögerlich reagiert, könnte dies ein Zeichen dafür sein, dass die Antwort nicht ganz ehrlich ist.

6. Kleine Korrekturen und Selbstverbesserungen

Beschreibung:

Menschen, die lügen, versuchen oft, ihre Aussagen so glaubwürdig wie möglich zu gestalten. Dabei kann es passieren, dass sie sich selbst korrigieren oder wiederholt auf die „Ehrlichkeit" ihrer Aussagen hinweisen („ganz ehrlich", „um ehrlich zu sein"). Sie bemühen sich oft um Details und achten darauf, dass ihre Geschichte in sich stimmig klingt. Diese Selbstkorrekturen und zusätzlichen Betonungen können auf eine bewusste Manipulation hindeuten und darauf, dass der Lügner seine Geschichte kontrollieren möchte.

Beobachtung:

Achte darauf, wenn dein Gesprächspartner seine Aussagen korrigiert, sich wiederholt oder übermäßig betont, dass er ehrlich ist.

Häufige Selbstverbesserungen und das zusätzliche Bestätigen der eigenen Ehrlichkeit sind oft ein Anzeichen dafür, dass jemand versucht, besonders überzeugend zu wirken. Die Zusatzbemerkungen sind häufig unnötig und können deshalb Misstrauen wecken.

Praxisbeispiel:
Stelle Nachfragen und beobachte, wie der Lügner auf Details reagiert. Wiederholte Korrekturen und übertriebene Betonungen („glaub mir", „ehrlich gesagt") sind ein Hinweis darauf, dass die Person ihre Geschichte mit Nachdruck verkaufen will und möglicherweise etwas verheimlicht.

TIP: Sei aufmerksam bei unnötigen Zusätzen und häufigen Selbstkorrekturen. Übertriebene Betonungen von Ehrlichkeit oder wiederholte Anpassungen sind oft ein Zeichen dafür, dass jemand eine Lüge besonders glaubwürdig wirken lassen will.

7. Mikroausdrücke

Beschreibung:

Mikroausdrücke sind kurze, unbewusste Gesichtsausdrücke, die oft nur für einen Bruchteil einer Sekunde aufblitzen. Sie verraten eine Emotion, die jemand zu verbergen versucht — beispielsweise Ärger, Angst oder Überraschung. Lügner versuchen oft, ihre wahren Gefühle zu maskieren, aber Mikroausdrücke sind schwer zu kontrollieren und bieten kurze Einblicke in das, was wirklich in ihnen vorgeht. Diese flüchtigen Ausdrücke können auf eine innerliche Spannung oder ein Unbehagen hinweisen, das oft mit Unehrlichkeit einhergeht.

Beobachtung:

Um Mikroausdrücke zu erkennen, ist es hilfreich, sich bewusst auf das Gesicht deines Gegenübers zu konzentrieren, insbesondere in emotionalen Momenten oder bei kritischen Fragen. Ein kurzes Zucken der Lippen, ein Blitzen der Augenbrauen oder ein verengter Blick kann eine Emotion zeigen, die derjenige lieber verbergen möchte. Mikroausdrücke erfordern Übung, aber mit Aufmerksamkeit kann man sie lernen wahrzunehmen.

Praxisbeispiel:

Frage dein Gegenüber direkt nach etwas, bei dem du dir unsicher bist, und achte genau auf das Gesicht, besonders um Mund, Augen und Stirn. Ein kurzes Anzeichen von Ärger oder Unsicherheit, das schnell verschwindet, könnte auf eine verborgene Emotion und damit auf eine mögliche Lüge hinweisen.

TIP: Halte nach flüchtigen Gesichtsausdrücken Ausschau, die nur kurz zu sehen sind. Auch wenn sie nur für einen Bruchteil einer Sekunde aufblitzen, können sie starke Hinweise auf versteckte Emotionen und mögliche Unehrlichkeit liefern.

8. Widersprüchliche Gesten und Aussagen

Beschreibung:

Ein klarer Hinweis auf eine Lüge sind widersprüchliche Signale zwischen Gesagtem und Körpersprache. Wenn jemand beispielsweise „Ja" sagt, dabei aber den Kopf schüttelt, deutet das auf eine Unsicherheit oder inneren Widerspruch hin.

Der Körper sendet oft authentische Signale, die die wahre Haltung und Einstellung der Person verraten, selbst wenn die Worte etwas anderes behaupten. Diese inkongruenten Gesten sind oft schwer zu kontrollieren und können den Widerspruch zwischen Wahrheit und Lüge aufzeigen.

Beobachtung:

Achte darauf, ob die Gesten deines Gegenübers mit seinen Worten übereinstimmen. Wenn jemand zum Beispiel betont, entspannt zu sein, aber gleichzeitig nervös mit den Händen spielt oder eine abwehrende Haltung einnimmt, passt die Körpersprache nicht zur Aussage. Solche widersprüchlichen Signale sind oft ein Hinweis auf Verunsicherung und mögliche Unehrlichkeit.

Praxisbeispiel:

Frage dein Gegenüber nach etwas Wichtigem und beobachte, ob die Gesten und die Worte übereinstimmen. Wenn jemand verbal bejaht, aber gleichzeitig unbewusst den Kopf schüttelt, spricht der Körper die Wahrheit – und die ist oft aufschlussreicher als die Worte.

TIP: Achte besonders auf Gesten, die das Gegenteil dessen ausdrücken, was gesagt wird. Ein „Ja" mit Kopfschütteln oder ein „Ich bin entspannt" mit angespannten Schultern zeigt oft, dass eine Diskrepanz zwischen den Worten und den tatsächlichen Gefühlen besteht.

9. Vermeidung von Details oder übertriebene Details

Beschreibung:

Menschen, die lügen, tendieren dazu, entweder zu wenig oder zu viele Details in ihre Geschichte zu packen. Lügner, die Angst haben, sich zu verraten, halten ihre Erzählungen oft vage, um weniger Raum für Fragen und Widersprüche zu lassen.

Andere wiederum versuchen, ihre Geschichte durch eine Flut von Details glaubwürdiger erscheinen zu lassen. Beides kann ein Hinweis darauf sein, dass die Person die Wahrheit beschönigen oder verschleiern möchte.

Beobachtung:

Achte darauf, wie detailliert die Antworten deines Gegenübers sind. Ist die Antwort übermäßig detailliert oder unklar und ausweichend?

Menschen, die die Wahrheit sagen, geben meist eine natürliche Menge an Informationen preis, während Lügner entweder sehr knapp oder zu ausschweifend antworten.

Praxisbeispiel:

Stelle eine einfache Frage und beobachte die Antwort. Wenn die Antwort ausufernd und voller unnötiger Details ist, oder im Gegenteil kurz und knapp, ist das oft ein Hinweis darauf, dass der Erzähler sich zu sehr bemüht, seine Geschichte stimmig erscheinen zu lassen.

TIP: Achte auf den Detailgrad der Antworten. Zu viele Details oder zu wenige Informationen können Anzeichen dafür sein, dass eine Geschichte manipuliert wird, um glaubwürdiger oder weniger angreifbar zu wirken.

10. Häufige Wiederholungen und Betonungen

Beschreibung:

Menschen, die lügen, neigen oft dazu, bestimmte Aussagen oder Details wiederholt zu betonen, um sie glaubwürdiger erscheinen zu lassen.

Eine häufige Wiederholung von „glaub mir" oder „um ehrlich zu sein" ist oft ein Versuch, die eigene Aussage zu verstärken und jeglichen Zweifel zu zerstreuen. Dieses Verhalten kann als „Überspielung" gedeutet werden, da der Lügner instinktiv mehr Überzeugungskraft einsetzen möchte, um nicht entlarvt zu werden.

Beobachtung:

Achte darauf, wie oft dein Gegenüber bestimmte Ausdrücke oder Formulierungen wiederholt. Wenn jemand immer wieder betont, dass er ehrlich ist, oder denselben Punkt mehrfach wiederholt, kann dies ein Zeichen dafür sein, dass die Person eine Lüge verbergen möchte. Ein ehrlicher Gesprächspartner fühlt sich oft weniger gezwungen, seine Worte auf diese Weise zu verstärken.

Praxisbeispiel:

Führe ein Gespräch und beobachte, ob dein Gegenüber dazu neigt, bestimmte Phrasen wie „um ehrlich zu sein" oder „wirklich, ich schwöre" immer wieder einzustreuen. Eine Überbetonung dieser Worte kann ein Zeichen dafür sein, dass der Gesprächspartner die eigene Glaubwürdigkeit künstlich erhöhen möchte.

TIP: Halte Ausschau nach wiederholten Phrasen wie „glaub mir" oder „ehrlich gesagt". Menschen, die die Wahrheit sagen, fühlen sich oft weniger gezwungen, ihre Worte durch wiederholte Betonung zu „verstärken".

Zusammenfassung

Lügen zu erkennen ist eine Fähigkeit, die auf der Kombination verschiedener subtiler Hinweise basiert.

Ein einzelnes Signal reicht oft nicht aus, aber wenn mehrere Anzeichen zusammenkommen, kannst du ein klareres Bild gewinnen.

Menschen, die lügen, neigen dazu, Blickkontakt zu vermeiden oder ihn übertrieben zu halten, um ihre Unsicherheit zu überspielen.

Gleichzeitig können Unregelmäßigkeiten in der Stimme, wie ein Zittern oder plötzliche Pausen, auf innere Anspannung hinweisen. Auch die Körpersprache spielt eine zentrale Rolle: Nervöse Gesten, wie das Berühren des Gesichts oder das Zupfen an der Kleidung, verraten oft, dass sich jemand unwohl fühlt.

Entscheidend ist, diese Signale im Kontext zu betrachten und sie mit dem Verhalten deines Gegenübers in entspannteren Momenten zu vergleichen. So erkennst du, ob eine Aussage wirklich ehrlich gemeint ist oder ob hinter der Fassade etwas verborgen bleibt.

Kapitel 2:
Emotionen deuten

1. Erkennen von Freude durch Augen und Mund

Beschreibung:

Freude lässt sich in der Regel leicht an der Mimik ablesen, vor allem durch den Mund und die Augenpartie. Ein echtes Lächeln erkennt man an den sogenannten „Krähenfüßen" – kleine Fältchen um die Augen, die zeigen, dass die Freude echt und nicht nur vorgespielt ist.

Während ein „höfliches Lächeln" oft nur die Lippen betrifft, zieht ein echtes Lächeln die Augen zusammen und lässt sie „strahlen". Ein breites, herzliches Lächeln, das die gesamte Gesichtsmuskulatur einbezieht, ist ein eindeutiges Zeichen echter Freude.

Beobachtung:

Achte darauf, ob das Lächeln des Gegenübers auch die Augen erreicht. Nur ein Lächeln mit aktivierter Augenpartie wird als echt wahrgenommen. Ein Lächeln, das nur die Lippen betrifft, wirkt meist distanziert und oberflächlich und zeigt oft eine aufgesetzte Freundlichkeit, ohne echte positive Emotionen.

Praxisbeispiel:

In einem Gespräch kannst du leicht erkennen, ob das Lächeln deines Gegenübers echt ist, indem du auf die Augen achtest. Wenn die Augen „mitlachen", ist die Freude ehrlich. Ist das Lächeln jedoch nur bei den Lippen zu sehen, könnte es auf Höflichkeit oder sogar eine versteckte Absicht hinweisen.

TIP: Achte bei einem Lächeln darauf, ob auch die Augen mitwirken. Nur wenn die Augen ebenfalls „lächeln", handelt es sich um ein echtes Zeichen der Freude.

2. Unterscheidung zwischen echter und gespielter Freude

Beschreibung:

Manchmal lächeln Menschen, obwohl sie innerlich das Gegenteil fühlen. Eine echte Freude ist in der Regel schwer zu verbergen und zeigt sich durch spontane und natürliche Gesten. Gespielte Freude hingegen wirkt oft übertrieben oder gezwungen.

Ein gekünsteltes Lächeln ist häufig breiter, dauert länger und verschwindet langsamer, da die Person bewusst versucht, Freude auszudrücken. Außerdem fehlt bei gespielter Freude oft die authentische Körpersprache – das Lächeln wirkt statisch und „gestellt".

Beobachtung:

Achte darauf, ob das Lächeln deines Gegenübers flüssig und natürlich erscheint. Ein künstliches Lächeln bleibt oft starr oder verschwindet abrupt. Menschen, die echte Freude empfinden, lachen spontan und mit dem gesamten Gesicht, während gespielte Freude oft nur die Mundpartie betrifft und unnatürlich wirkt.

Praxisbeispiel:

Wenn du dir unsicher bist, ob die Freude deines Gesprächspartners echt ist, achte auf die Länge und das Auftreten des Lächelns. Ein echtes Lächeln blitzt auf und verschwindet allmählich, während ein künstliches Lächeln eher abrupt endet und gezwungen wirken kann.

TIP: Beobachte, wie lange das Lächeln anhält und wie fließend es ist. Ein echtes Lächeln ist spontan und verschwindet allmählich, während ein gekünsteltes Lächeln abrupt endet.

3. Überraschung und ihre flüchtigen Zeichen

Beschreibung:

Überraschung ist eine Emotion, die sich nur für einen kurzen Moment zeigt und oft durch eine weit geöffnete Augenpartie und leicht gehobene Augenbrauen sichtbar wird.

Die Mundpartie kann ebenfalls leicht geöffnet sein. Überraschung ist eine der am wenigsten kontrollierbaren Emotionen und blitzt deshalb nur kurz auf. Eine übertriebene oder zu lange Reaktion deutet oft auf eine gespielte Überraschung hin.

Beobachtung:

Um echte Überraschung zu erkennen, achte darauf, wie schnell die Mimik wieder zum normalen Gesichtsausdruck zurückkehrt. Ein kurzes, spontanes Hochziehen der Augenbrauen oder das Öffnen des Mundes zeigt meist echte Überraschung.

Wenn die Überraschung lange anhält oder übermäßig dargestellt wird, kann das ein Hinweis darauf sein, dass die Person die Emotion nur vortäuscht.

Praxisbeispiel:

Stelle eine unerwartete Information oder Frage und achte auf die Reaktion. Wenn die Augenbrauen schnell hochgezogen werden und die Augen sich kurz weiten, handelt es sich meist um echte Überraschung. Ein langanhaltender Überraschungsausdruck kann hingegen oft eine gespielte Reaktion sein.

TIP: Achte auf die Dauer der Reaktion. Echte Überraschung dauert nur wenige Sekunden und verschwindet schnell. Eine übertriebene oder lange Reaktion kann auf gespielte Überraschung hinweisen.

4. Angst und ihre typischen körperlichen Reaktionen

Beschreibung:

Angst zeigt sich oft durch unbewusste Reaktionen wie geweitete Pupillen, ein leichtes Zurückweichen und eine erhöhte Muskelspannung. Menschen, die Angst empfinden, nehmen oft eine geduckte Haltung ein, als würden sie sich schützen wollen.

Die Stimme kann zittern, und der Körper spannt sich an, um auf mögliche Gefahren zu reagieren. Oft wird die Atmung schneller, und es können kleine Schweißperlen auftreten, vor allem an Stirn und Händen.

Beobachtung:

Achte auf eine Anspannung im Gesicht, besonders um Augen und Mund. Die Augen wirken oft größer und starrer, und der Körper nimmt eine abwehrende Haltung ein. Ein leichtes Zittern der Hände oder eine Veränderung der Stimmlage können ebenfalls Hinweise auf Angst sein.

Praxisbeispiel:

In einer angespannten Situation kannst du Anzeichen von Angst erkennen, indem du auf den Gesichtsausdruck und die Körperhaltung achtest. Wenn jemand seinen Körper zurückzieht, zittert oder die Augen weit aufreißt, könnte er Angst empfinden.

TIP: Beobachte, ob sich der Körper deines Gegenübers zurückzieht und ob Augen und Mund angespannt wirken. Diese Zeichen weisen oft auf innere Unruhe und Angst hin.

5. Traurigkeit – Zeichen in Mimik und Körpersprache

Beschreibung:

Traurigkeit zeigt sich vor allem durchhängende Mundwinkel, leicht zusammengezogene Augenbrauen und einen leeren oder gesenkten Blick. Der gesamte Gesichtsausdruck wirkt oft schwer und die Haltung zusammengesunken. Traurigkeit kann auch durch eine verminderte Gestik und Körperspannung erkennbar sein.

Menschen, die traurig sind, zeigen oft ein weniger lebhaftes Gesicht und bewegen sich langsamer, als würden sie von einer inneren Last beschwert.

Beobachtung:

Achte darauf, ob die Mundwinkel nach unten zeigen und die Augenpartie entspannt oder sogar nach unten geneigt ist. Ein gesenkter Kopf und eine verminderte Körperspannung deuten ebenfalls auf Traurigkeit hin. Oft fehlen bei Traurigkeit auch lebhafte Gesten, da die Person weniger Energie hat und weniger aktiv wirkt.

Praxisbeispiel:

Frage deinen Gegenüber nach einem emotionalen Thema und beobachte, ob sich die Mimik und die Körperspannung verändern. Wenn die Augen leer wirken oder der Blick sich senkt und der Körper zusammensinkt, deutet das oft auf Traurigkeit hin.

TIP: Achte auf die Mundwinkel und die Augenpartie. Hängende Mundwinkel und ein gesenkter Blick sind typische Anzeichen für Traurigkeit und helfen dir, diese Emotion zu erkennen.

6. Wut erkennen: Körperspannung und Blickrichtung

Beschreibung:

Wut zeigt sich oft durch eine angespannte Körperhaltung, einen starren Blick und leicht zusammengezogene Augenbrauen. Menschen, die wütend sind, verengen ihre Augen leicht, und die Lippen werden oft fest aufeinandergepresst.

Diese körperlichen Signale deuten auf eine innere Spannung hin, die sich unbewusst im Körper ausdrückt. Ein weiterer Hinweis auf Wut kann eine erhöhte Stimmlage oder ein scharfer Tonfall sein.

Wütende Menschen neigen auch dazu, auf aggressive oder energische Bewegungen zurückzugreifen, beispielsweise das Fäuste ballen.

Beobachtung:

Achte darauf, ob die Augen des Gegenübers leicht verengt sind und die Lippen angespannt wirken. Auch der gesamte Körper kann eine erhöhte Spannung zeigen, die darauf hindeutet, dass die Person innerlich mit Emotionen kämpft.

Wenn die Arme verschränkt oder die Hände zu Fäusten geballt sind, ist dies oft ein Zeichen für aufgestaute Wut.

Praxisbeispiel:

Frage dein Gegenüber zu einem potenziell emotionalen Thema und beobachte, ob sich die Mimik oder der Tonfall verändert. Wenn die Person plötzlich angespannter wirkt, den Blick intensiviert oder ihre Lippen presst, kann das auf Wut hindeuten.

TIP: Halte nach angespannter Mimik und festem Blick Ausschau. Zusammengezogene Augenbrauen und fest geschlossene Lippen deuten oft auf innere Wut hin.

7. Ekel oder Abneigung an den Gesichtszügen ablesen

Beschreibung:

Ekel zeigt sich oft durch eine verzogene Mimik, bei der die Nase gerümpft wird und die Oberlippe sich leicht hebt. Diese unbewusste Reaktion tritt auf, wenn jemand etwas wahrnimmt, das ihn anwidert oder ihm unangenehm ist.

Ekel ist eine instinktive Reaktion und tritt meist spontan auf, wenn jemand etwas ablehnt oder Abscheu empfindet. Selbst wenn die Person versucht, ihre Gefühle zu verbergen, zeigen sich oft kleine Anzeichen dieser Abneigung im Gesicht.

Beobachtung:

Achte auf feine Veränderungen in der Mimik, insbesondere in der Nasen- und Lippenpartie. Wenn die Oberlippe leicht gehoben wird oder die Nase sich leicht rümpft, kann dies auf Ekel oder Abneigung hinweisen.

Auch ein kurzes Zusammenziehen der Augenbrauen kann eine Reaktion auf eine unangenehme Wahrnehmung sein.

Praxisbeispiel:

Konfrontiere dein Gegenüber mit einem Thema oder einer Information, von der du weißt, dass sie möglicherweise unangenehm ist, und beobachte die Reaktion. Wenn das Gesicht eine leichte Verzerrung zeigt, insbesondere an der Nase und den Lippen, handelt es sich wahrscheinlich um Ekel oder Abneigung.

TIP: Achte auf das Rümpfen der Nase und das Heben der Oberlippe. Diese unwillkürlichen Gesten deuten meist auf Ekel oder Abneigung hin und sind schwer zu verbergen.

8. Scham und Verlegenheit anhand von Gesichtsausdrücken

Beschreibung:

Scham oder Verlegenheit zeigt sich oft durch eine leicht gerötete Gesichtshaut, gesenkten Blick und ein verlegenes Lächeln. Menschen, die sich schämen, neigen dazu, Augenkontakt zu vermeiden und oft ihre Hände oder das Gesicht zu berühren, als wollten sie sich verstecken.

Verlegenheit wird häufig durch ein unsicheres Verhalten ergänzt, das signalisiert, dass die Person die Aufmerksamkeit lieber von sich ablenken möchte.

Beobachtung:

Achte darauf, ob die Person plötzlich den Blick senkt oder eine leichte Röte im Gesicht auftritt.

Auch das Kratzen am Nacken oder das Berühren des Gesichts können Anzeichen für Verlegenheit sein. Ein schüchternes oder verlegenes Lächeln zeigt oft, dass die Person sich unwohl fühlt oder sich ihrer Aussage nicht sicher ist.

Praxisbeispiel:

Stelle eine persönliche Frage oder bringe ein Thema zur Sprache, das für die Person vielleicht unangenehm ist, und beobachte, ob sie plötzlich den Blick abwendet oder sich am Nacken kratzt. Eine solche Reaktion deutet oft auf Scham oder Verlegenheit hin.

TIP: Halte nach gesenktem Blick und verlegenem Lächeln Ausschau. Wenn jemand den Blick vermeidet und leicht errötet, sind dies typische Zeichen für Scham oder Verlegenheit.

9. Stolz und Selbstzufriedenheit in der Haltung

Beschreibung:

Stolz zeigt sich durch eine aufrechte, selbstbewusste Haltung und ein leichtes Lächeln, das die Mundwinkel leicht nach oben zieht.

Menschen, die sich stolz fühlen, strahlen oft eine gewisse Gelassenheit und Zufriedenheit aus und bewegen sich eher langsam und kontrolliert. Die Haltung wirkt entspannt, aber gleichzeitig selbstbewusst und klar. Oftmals ist auch ein leicht erhobenes Kinn zu sehen, das darauf hindeutet, dass die Person mit sich und ihrer Leistung zufrieden ist.

Beobachtung:

Achte darauf, ob die Person eine aufrechte Haltung einnimmt und einen offenen, entspannten Gesichtsausdruck zeigt. Ein leichtes Lächeln, das nicht übertrieben wirkt, und ein ruhiges, selbstbewusstes Auftreten sind oft Zeichen für Stolz und Zufriedenheit. Das Kinn könnte leicht angehoben sein, was auf eine innere Zufriedenheit hinweist.

Praxisbeispiel:

Lobe dein Gegenüber und beobachte, wie er oder sie reagiert. Eine selbstsichere, entspannte Haltung und ein leichtes, echtes Lächeln ohne übertriebene Gesten deuten darauf hin, dass die Person Stolz und Selbstzufriedenheit empfindet.

TIP: Achte auf eine entspannte, aufrechte Haltung und ein leichtes Lächeln. Ein erhobenes Kinn und ruhige Bewegungen zeigen oft Stolz und Zufriedenheit.

10. Verständnis von komplexen Emotionen (Mischformen)

Beschreibung:

Manchmal sind Emotionen nicht klar in Kategorien wie „Wut" oder „Freude" einzuordnen, sondern eine Mischung aus verschiedenen Gefühlen. Ein Beispiel hierfür ist Neid, der eine Mischung aus Bewunderung und Ärger sein kann, oder Nostalgie, die Freude und Trauer miteinander verbindet. Diese komplexen Emotionen zeigen sich oft durch widersprüchliche oder wechselnde Gesichtsausdrücke und Körpersprache.

Das Erkennen dieser Mischformen erfordert ein feines Gespür und die Fähigkeit, subtile Veränderungen wahrzunehmen.

Beobachtung:

Achte darauf, ob der Gesichtsausdruck und die Körpersprache mehrere Signale gleichzeitig senden, beispielsweise ein Lächeln, das mit einer leicht gespannten Stirn kombiniert ist. Diese kleinen, unbewussten Anzeichen können darauf hindeuten, dass die Person mehrere Emotionen gleichzeitig erlebt, wie etwa Freude und Trauer oder Stolz und Bedauern.

Praxisbeispiel:

Beobachte eine Person, wenn sie über ein Thema spricht, das verschiedene Gefühle hervorrufen kann, zum Beispiel Erinnerungen an frühere Zeiten oder die Erfolge anderer. Ein Lächeln, das kurz von einer gerunzelten Stirn unterbrochen wird, könnte auf eine Mischung aus Freude und Trauer oder Neid und Bewunderung hinweisen.

TIP: Achte auf Gesichtsausdrücke und Körpersprache, die gemischte Signale senden. Eine Kombination aus Lächeln und leichtem Stirnrunzeln oder einem kurz abgewandten Blick kann auf komplexe Emotionen hinweisen.

Zusammenfassung

Emotionen sind die Grundlage jeder zwischenmenschlichen Beziehung und lassen sich durch feine Signale entschlüsseln.

Besonders Mikroexpressionen – kurze, oft unbewusste Gesichtsausdrücke – geben dir wertvolle Hinweise darauf, wie sich dein Gegenüber wirklich fühlt.

Eine gespannte Haltung oder ein gehetzter Blick können beispielsweise Angst oder Unsicherheit signalisieren, während ein entspannter Körper und ein echtes Lächeln Zufriedenheit zeigen. Wichtig ist, die Signale nicht isoliert zu betrachten, sondern sie mit Tonfall und Kontext zu verbinden.

Wenn jemand etwa lacht, aber der Tonfall monoton bleibt, kann das darauf hindeuten, dass die äußere Freude nur eine Fassade ist.

Durch das Üben von Beobachtung und Empathie kannst du lernen, die Gefühle anderer nicht nur zu erkennen, sondern auch darauf einzugehen und deine Beziehungen zu vertiefen.

Kapitel 3: Stimmverhalten

1. Lautstärkeanpassungen und ihre Bedeutung

Beschreibung:

Die Lautstärke, mit der jemand spricht, kann viel über seine Emotionen und sein Befinden verraten. Eine plötzliche Erhöhung der Lautstärke kann darauf hindeuten, dass die Person versucht, sich durchzusetzen oder ihre Position zu verteidigen. Im Gegensatz dazu deutet ein Absenken der Lautstärke oft auf Unsicherheit, Zurückhaltung oder den Versuch hin, etwas nicht zu stark hervorzuheben.

Eine unveränderte Lautstärke während eines gesamten Gesprächs zeigt meist emotionale Ausgeglichenheit und Ruhe.

Beobachtung:

Achte darauf, wie sich die Lautstärke im Verlauf des Gesprächs verändert, insbesondere bei heiklen oder emotionalen Themen. Ein Wechsel von lauter zu leiser Stimme kann darauf hinweisen, dass die Person sich unsicher oder unwohl fühlt.

Besonders dann, wenn jemand die Lautstärke gezielt senkt oder hebt, kann dies eine bewusste oder unbewusste Botschaft vermitteln.

Praxisbeispiel:

Wenn du merkst, dass dein Gesprächspartner plötzlich lauter spricht, könnte das ein Zeichen von Verärgerung oder Überzeugung sein. Ein leiserer Ton, vor allem nach einer Frage, könnte Unsicherheit oder ein Zurückweichen signalisieren.

TIP: Beobachte, ob dein Gegenüber seine Lautstärke anpasst. Ein plötzlicher Wechsel in der Lautstärke, vor allem in emotionalen Momenten, gibt oft Hinweise auf die Gefühlslage und die Absichten des Sprechers.

2. Tonhöhe und Stimmlage bei Lügen

Beschreibung:

Die Stimmlage kann sich in emotional aufgeladenen Situationen ändern, vor allem, wenn jemand lügt. Oft wird die Stimme bei Unehrlichkeit höher, was durch Nervosität und Anspannung entsteht.

Diese erhöhte Tonlage ist meist unbewusst und schwer zu kontrollieren, da sie durch den Stress im Körper ausgelöst wird.

Ein gleichmäßiger, natürlicher Ton hingegen zeigt Entspannung und Selbstsicherheit.

Beobachtung:
Achte darauf, ob die Stimmlage deines Gegenübers plötzlich höher wird, insbesondere bei Fragen, die potenziell unangenehm sind. Auch wenn die Stimme brüchig oder zittrig klingt, kann das ein Zeichen für Nervosität oder Unsicherheit sein, die oft bei einer Lüge auftreten.

Praxisbeispiel:
Stelle eine Frage, bei der du glaubst, dass dein Gegenüber möglicherweise nicht ganz ehrlich antwortet, und beobachte die Stimmlage. Wenn die Stimme plötzlich höher klingt oder die Person unsicher wirkt, kann das auf einen inneren Konflikt oder eine Lüge hinweisen.

TIP: Höre auf Veränderungen in der Stimmlage, vor allem auf ein höheres oder zittriges Sprechen. Diese Tonhöhenveränderungen können oft auf Unsicherheit oder Unehrlichkeit hinweisen.

3. Zittern und Unsicherheit in der Stimme erkennen

Beschreibung:

Eine zitternde Stimme ist ein klares Zeichen für Nervosität, Angst oder Unsicherheit. Wenn jemand nervös ist oder etwas zu verbergen hat, kann das durch eine unregelmäßige oder zittrige Stimme verraten werden.

Auch kleinere Pausen oder stockende Antworten deuten oft auf eine innere Anspannung hin. Dieses Zittern entsteht unbewusst, weil der Körper auf Stress reagiert und die Kontrolle über die Stimme beeinträchtigt wird.

Beobachtung:

Achte darauf, ob die Stimme des Gegenübers in heiklen Momenten leicht zittert oder ins Stocken gerät. Besonders bei Fragen, die potenziell unangenehm sind, tritt dieses Phänomen häufig auf und lässt auf Unsicherheit schließen.

Praxisbeispiel:

Beobachte die Stimme deines Gegenübers, wenn ihr über ein emotionales oder schwieriges Thema sprecht.

Wenn die Stimme in diesen Momenten zittert oder unregelmäßig wird, ist das meist ein Hinweis darauf, dass die Person sich unsicher oder unwohl fühlt.

TIP: Höre auf leichtes Zittern oder Stocken in der Stimme. Diese Anzeichen deuten oft auf Nervosität und innere Unsicherheit hin und können Hinweise auf verborgene Emotionen sein.

4. Monotonie vs. Lebendigkeit: Was es über Emotionen verrät

Beschreibung:
Eine monotone Stimme wirkt oft emotionslos und distanziert, während eine lebendige Stimme mit wechselnder Betonung Interesse, Begeisterung oder Lebendigkeit signalisiert.

Menschen, die ehrlich und motiviert sind, sprechen in der Regel mit einer natürlichen Variation in der Tonhöhe und im Rhythmus. Eine monotone Stimme kann hingegen darauf hindeuten, dass jemand desinteressiert ist, sich unwohl fühlt oder sogar bewusst versucht, Informationen zu verbergen.

Beobachtung:

Achte darauf, ob die Stimme lebhaft klingt oder ob der Tonfall monoton und eintönig ist. Eine gleichbleibende Stimmlage kann auf Desinteresse oder mangelnde emotionale Beteiligung hinweisen, während lebendige Variationen oft für echtes Interesse und Engagement stehen.

Praxisbeispiel:

Frage dein Gegenüber nach einem Thema, das normalerweise Begeisterung oder Emotionen hervorruft, und beobachte den Tonfall. Eine lebhafte Betonung zeigt meist echtes Interesse, während ein monotones Sprechen auf Distanz oder Zurückhaltung hindeuten kann.

TIP: Höre auf die Lebendigkeit der Stimme. Eine monotone Stimme kann Desinteresse oder Unwohlsein ausdrücken, während ein lebhafter Tonfall für echtes Engagement und Interesse spricht.

5. Pausen und Zögern –
Anzeichen von Nachdenken oder Unsicherheit

Beschreibung:

Pausen und Zögern können ein Hinweis darauf sein, dass jemand seine Worte vorsichtig wählt. In vielen Fällen deutet dies auf Unsicherheit oder den Versuch hin, die eigenen Aussagen zu überdenken, bevor sie geäußert werden.

Menschen, die lügen oder etwas verbergen, machen oft kleine Pausen, um die richtige Formulierung zu finden oder um zu vermeiden, dass sie sich widersprechen. Zu häufiges Zögern oder unnatürliche Pausen können auf inneren Stress hinweisen.

Beobachtung:

Achte darauf, ob dein Gegenüber häufig pausiert, bevor er antwortet. Ein Zögern nach einer kritischen oder unerwarteten Frage kann darauf hinweisen, dass die Person die Antwort sorgfältig formuliert, möglicherweise um etwas zu verschleiern.

Praxisbeispiel:

Stelle eine Frage, die für dein Gegenüber unerwartet kommt, und beobachte, ob eine Pause entsteht.

Wenn die Antwort verzögert erfolgt oder unsicher wirkt, könnte dies ein Zeichen für Unsicherheit oder den Versuch sein, eine passende Antwort zu finden.

TIP: Achte auf Pausen und Zögern vor der Antwort. Häufige Pausen sind oft ein Hinweis darauf, dass jemand sich nicht sicher ist oder seine Worte vorsichtig wählen möchte.

6. Betonung bestimmter Wörter

Beschreibung:

Die gezielte Betonung bestimmter Wörter oder Phrasen kann auf die Absicht hinweisen, eine Aussage besonders glaubwürdig oder überzeugend wirken zu lassen. Menschen, die lügen oder unsicher sind, versuchen oft, durch Betonungen ihrer Worte mehr Nachdruck zu verleihen.

Übertriebene Betonung kann ein Versuch sein, die eigene Unsicherheit zu überdecken oder andere von der eigenen „Ehrlichkeit" zu überzeugen. Ehrliche Menschen hingegen sprechen meist ohne gezielte Betonungen, weil sie keine Notwendigkeit sehen, ihre Aussagen zu verstärken.

Beobachtung:

Achte darauf, ob bestimmte Wörter oder Phrasen stark betont werden, insbesondere solche wie „ehrlich gesagt", „wirklich" oder „ich schwöre". Solche Betonungen können ein Hinweis darauf sein, dass die Person versucht, ihre Aussage besonders glaubhaft erscheinen zu lassen.

Praxisbeispiel:

Höre aufmerksam zu, wenn jemand ein Thema bespricht, das ihm möglicherweise unangenehm ist. Übertriebene Betonungen oder das wiederholte Hervorheben bestimmter Wörter können ein Hinweis auf Unsicherheit oder das Bedürfnis sein, die Aussage besonders glaubwürdig erscheinen zu lassen.

TIP: Achte auf übertriebene Betonungen bei Schlüsselwörtern. Sie können ein Anzeichen dafür sein, dass die Person versucht, Unsicherheit zu überdecken oder die eigene Aussage zu verstärken.

7. Atemveränderungen und ihre Bedeutung

Beschreibung:

Veränderungen im Atemrhythmus sind oft unbewusste Reaktionen auf Stress oder Aufregung. Wenn jemand angespannt oder nervös ist, wird der Atem oft schneller und flacher. Dies kann sich durch hörbares Atmen oder sogar durch ein leichtes Schnaufen äußern. Eine ruhige und gleichmäßige Atmung zeigt hingegen, dass die Person entspannt ist und sich sicher fühlt. Atemveränderungen sind subtil, können aber viel über den inneren Zustand einer Person verraten.

Beobachtung:

Achte auf Atempausen oder schnelle, flache Atemzüge. Wenn jemand bei bestimmten Fragen oder Themen plötzlich anders atmet, kann das auf innere Anspannung hinweisen.

Auch ein kurzes, tiefes Durchatmen, bevor eine Antwort gegeben wird, kann ein Zeichen dafür sein, dass die Person ihre Antwort sorgfältig überdenkt.

Praxisbeispiel:

Wenn du merkst, dass jemand plötzlich schwerer atmet oder den Atem anhält, könnte dies ein Zeichen von Nervosität oder Stress sein. Beobachte die Atemveränderung im Zusammenhang mit bestimmten Fragen oder Aussagen, die besonders heikel sein könnten.

TIP: Beobachte, ob die Atmung deines Gegenübers unregelmäßig wird oder schneller gcht. Atemveränderungen sind oft subtile Anzeichen für Stress oder Unsicherheit und helfen, den emotionalen Zustand besser zu verstehen.

8. Geschwindigkeitsänderungen beim Sprechen

Beschreibung:

Die Geschwindigkeit des Sprechens kann viel über die innere Gefühlslage verraten. Menschen neigen dazu, schneller zu sprechen, wenn sie aufgeregt oder nervös sind, und langsamer, wenn sie zögern oder unsicher sind.

Ein plötzlicher Wechsel in der Sprechgeschwindigkeit kann auch darauf hindeuten, dass jemand über eine Frage oder ein Thema nachdenkt, bevor er antwortet, oder dass er absichtlich langsamer spricht, um seine Worte zu kontrollieren.

Beobachtung:

Achte darauf, ob sich die Sprechgeschwindigkeit deines Gegenübers in emotionalen Momenten oder bei schwierigen Fragen verändert. Eine plötzliche Verlangsamung kann darauf hindeuten, dass jemand versucht, seine Antwort zu überdenken, während eine Beschleunigung auf Nervosität hindeuten kann.

Praxisbeispiel:

Frage dein Gegenüber zu einem emotionalen Thema und beobachte, ob die Sprechgeschwindigkeit sich verändert. Wenn das Sprechen plötzlich langsamer oder schneller wird, könnte das auf Unsicherheit oder Aufregung hinweisen.

TIP: Achte auf Veränderungen in der Sprechgeschwindigkeit. Ein plötzliches Verlangsamen oder Beschleunigen des Sprechtempos kann ein Hinweis auf innere Anspannung oder das Bedürfnis sein, die Antwort zu kontrollieren.

9. Stimme als Dominanzinstrument

Beschreibung:

Die Stimme wird oft bewusst oder unbewusst eingesetzt, um Dominanz oder Überlegenheit auszudrücken. Ein tiefer, langsamer Ton kann Stärke und Autorität signalisieren, während eine laute, energische Stimme die Aufmerksamkeit auf sich zieht.

Manche Menschen benutzen eine besonders feste oder tiefe Stimme, um ihre Position im Gespräch zu stärken und Selbstsicherheit zu zeigen. Umgekehrt kann eine leise, unsichere Stimme darauf hinweisen, dass jemand sich unterlegen fühlt oder wenig Selbstvertrauen hat.

Beobachtung:

Achte darauf, ob jemand besonders tief oder laut spricht, vor allem in Situationen, in denen er dominieren oder sich durchsetzen möchte. Auch ein plötzlicher Wechsel zu einer tieferen Stimmlage kann ein Zeichen dafür sein, dass die Person versucht, ihre Autorität oder ihren Einfluss zu betonen.

Praxisbeispiel:

Beobachte die Stimme deines Gegenübers in Gruppengesprächen. Wenn jemand seine Stimme tiefer oder fester einsetzt, um die Aufmerksamkeit auf sich zu ziehen, könnte dies ein Zeichen dafür sein, dass er Dominanz zeigen möchte.

TIP: Achte auf Veränderungen in der Stimmlage, besonders wenn sie tiefer oder fester wird. Eine tiefe, selbstsichere Stimme deutet oft auf den Wunsch hin, Autorität oder Kontrolle auszustrahlen.

10. Sprachmuster bei Emotionen und Lügen

Beschreibung:

Emotionen und Lügen können oft durch bestimmte Sprachmuster aufgedeckt werden. Menschen, die nervös oder unsicher sind, neigen dazu, bestimmte Worte oder Sätze wiederholt zu verwenden, z. B. „um ehrlich zu sein" oder „glaub mir".

Diese Phrasen werden oft unbewusst genutzt, um die eigene Aussage glaubwürdiger erscheinen zu lassen. Bestimmte emotionale Zustände wie Wut oder Frustration führen oft zu einer direkteren und weniger kontrollierten Wortwahl, während Nervosität zu einer vorsichtigen, überlegten Wortwahl führen kann.

Beobachtung:

Achte darauf, ob bestimmte Phrasen oder Wörter wiederholt werden, vor allem wenn die Person ihre Ehrlichkeit betonen möchte. Auch eine zu kontrollierte Wortwahl kann ein Hinweis darauf sein, dass jemand vorsichtig ist und sich nicht entlarven möchte.

Praxisbeispiel:

Stelle deinem Gegenüber Fragen und achte darauf, ob bestimmte Phrasen oder Wörter immer wieder auftauchen. Wenn jemand ständig „ehrlich gesagt" oder „glaub mir" sagt, kann das ein Hinweis darauf sein, dass er besonders überzeugend wirken möchte.

TIP: Achte auf wiederholte Phrasen und eine auffällig kontrollierte Wortwahl. Solche Sprachmuster können auf Nervosität oder den Versuch hinweisen, besonders glaubwürdig zu erscheinen.

Zusammenfassung

Die Stimme ist ein mächtiges Werkzeug, das weit mehr über eine Person verrät, als die gesprochenen Worte allein. Eine zitternde Stimme kann zum Beispiel Nervosität ausdrücken, während ein übermäßig erhöhter Tonfall auf Anspannung oder Unsicherheit hinweist.

Auch Pausen oder ein abrupter Wechsel im Redefluss sind oft Anzeichen dafür, dass jemand sich unwohl fühlt oder nachdenkt, wie er seine Aussagen formulieren soll. Es ist wichtig, die Stimme immer im Zusammenspiel mit anderen Signalen zu beobachten.

Wenn jemand beispielsweise seine Stimme senkt, um Ruhe zu bewahren, und gleichzeitig seine Hände unruhig bewegt, zeigt das einen inneren Konflikt. Indem du bewusst auf die Stimme deines Gesprächspartners achtest, kannst du nicht nur die Aussage besser verstehen, sondern auch die dahinterliegenden Emotionen wahrnehmen.

Kapitel 4:
Körpersprache in Verhandlungen

1. Haltung und Standfestigkeit als Zeichen von Selbstbewusstsein

Beschreibung:

In Verhandlungen spielt eine aufrechte, standfeste Körperhaltung eine zentrale Rolle, da sie Selbstsicherheit und Kompetenz signalisiert. Wenn jemand fest auf beiden Füßen steht, mit geradem Rücken und offener Körperhaltung, vermittelt das Selbstbewusstsein und Entschlossenheit.

Diese Haltung strahlt Ruhe und Standhaftigkeit aus, was in Verhandlungssituationen oft als Vorteil gesehen wird. Ein unsicherer Stand, z. B. das häufige Verlagern des Gewichts oder das Zurücklehnen, kann hingegen als Zeichen von Unsicherheit wahrgenommen werden.

Beobachtung:

Achte darauf, wie dein Gegenüber steht. Ein fester Stand zeigt Selbstvertrauen, während häufige Positionswechsel oder das Wippen auf den Füßen auf Nervosität hinweisen können.

Eine aufrechte, ruhige Haltung ohne viel Bewegung signalisiert eine stabile, selbstsichere Persönlichkeit.

Praxisbeispiel:

Wenn du dich in einer Verhandlung befindest, achte darauf, wie du selbst stehst. Versuche, eine stabile Haltung einzunehmen und aufrecht zu stehen. Diese Haltung wird dich selbstsicherer wirken lassen und kann auch das Verhalten deines Gegenübers beeinflussen.

TIP: Halte deinen Stand ruhig und stabil. Ein fester, standhafter Stand vermittelt Selbstbewusstsein und Stabilität – beides Eigenschaften, die in Verhandlungen entscheidend sein können.

2. Hände auf dem Tisch – Offenheit oder Druckmittel?

Beschreibung:

Die Platzierung der Hände auf dem Tisch kann in Verhandlungen eine starke Wirkung haben. Wenn die Hände offen und entspannt auf dem Tisch liegen, wirkt das einladend und offen.

Sind die Hände jedoch fest auf dem Tisch aufgelegt, kann dies auch als Dominanzgeste wirken, die dem Gegenüber Druck signalisiert.

Das Positionieren der Hände vor sich zeigt in vielen Fällen, dass man bereit ist, sich der Diskussion zu stellen, während verschränkte oder zurückgezogene Hände auf Zurückhaltung oder Abwehrbereitschaft hinweisen.

Beobachtung:

Achte darauf, wie dein Gegenüber seine Hände positioniert. Offene Handflächen zeigen Offenheit und Transparenz, während eine feste, gedrückte Handhaltung auf Dominanz oder den Versuch, die Kontrolle zu behalten, hindeuten kann.

Praxisbeispiel:

Lege deine Hände in einer Verhandlung sichtbar und entspannt auf den Tisch. Diese Haltung signalisiert Bereitschaft zur Zusammenarbeit und Offenheit. Vermeide jedoch ein zu festes Auflegen der Hände, um nicht unnötig Dominanz zu vermitteln.

TIP: Halte deine Hände offen und sichtbar. Offene Handflächen signalisieren Offenheit und Vertrauen und fördern eine kooperative Atmosphäre.

3. Verschlossene Haltung: Arme verschränken

Beschreibung:

Das Verschränken der Arme ist eine häufige Geste, die in Verhandlungen als defensiv oder verschlossen interpretiert wird. Menschen, die die Arme verschränken, möchten oft eine Art Schutzbarriere schaffen und sich emotional oder körperlich zurückziehen.

Diese Haltung kann als Zeichen von Unbehagen, Misstrauen oder Ablehnung wahrgenommen werden. In Verhandlungen signalisiert sie oft Abwehrbereitschaft oder das Bedürfnis, sich gegen die Argumente des Gegenübers abzuschirmen.

Beobachtung:

Wenn dein Gegenüber in einer Verhandlung die Arme verschränkt, ist dies meist ein Hinweis darauf, dass er sich innerlich zurückzieht oder nicht einverstanden ist.

Achte darauf, ob die verschränkte Haltung im Verlauf der Verhandlung auftritt oder ob sie durch bestimmte Aussagen ausgelöst wird.

Praxisbeispiel:

Um Offenheit zu signalisieren, versuche selbst, deine Arme nicht zu verschränken, sondern deine Hände entspannt vor dir zu halten. Dies schafft eine offenere Atmosphäre und zeigt, dass du bereit bist, zuzuhören und auf die Argumente des anderen einzugehen.

TIP: Halte deine Arme offen und vermeide das Verschränken. Eine offene Haltung ohne verschränkte Arme signalisiert, dass du bereit bist, dich auf die Verhandlung einzulassen.

4. Fuß- und Beinhaltung während eines Gesprächs

Beschreibung:

Die Stellung der Füße und Beine kann ebenfalls Rückschlüsse auf die innere Haltung und die emotionale Lage ziehen. Wenn eine Person fest mit beiden Füßen am Boden steht, signalisiert das Sicherheit und Standfestigkeit.

Ein ständig wechselnder Stand oder das Kreuzen der Beine kann hingegen als Unsicherheit oder Unruhe gedeutet werden. Die Ausrichtung der Füße kann ebenfalls Hinweise darauf geben, ob jemand offen für das Gespräch ist oder eher ablehnend – Füße, die auf den Gesprächspartner zeigen, signalisieren Offenheit, während abgewandte Füße eher auf Distanz hindeuten.

Beobachtung:

Achte auf die Haltung und Ausrichtung der Füße und Beine deines Gegenübers. Offene, stabile Beine und nach vorn ausgerichteten Füßen zeigen Offenheit und Interesse, während abgewandte oder sich ständig verändernde Positionen Unsicherheit oder Desinteresse signalisieren.

Praxisbeispiel:

Wenn du dich sicher und selbstbewusst zeigen möchtest, halte deine Füße fest und stabil am Boden und richte sie auf deinen Gesprächspartner. Vermeide es, deine Beine ständig zu bewegen oder über Kreuz zu stellen, um Ruhe und Sicherheit auszustrahlen.

TIP: Achte darauf, deine Füße auf den Gesprächspartner auszurichten. Eine offene Beinhaltung und eine stabile Position zeigen Standfestigkeit und Offenheit.

5. Mikrogesten als Zeichen für Nervosität

Beschreibung:

In Verhandlungen können kleine, unbewusste Mikrogesten wie das Zupfen an der Kleidung, das Spielen mit einem Ring oder das Berühren des Gesichts als Zeichen für Nervosität oder Unsicherheit interpretiert werden. Solche Mikrogesten sind oft unbewusst und treten verstärkt in Stresssituationen auf.

Menschen neigen dazu, diese kleinen Bewegungen zu machen, um sich selbst zu beruhigen und einen Ausgleich zu schaffen, wenn sie sich unwohl fühlen oder unter Druck stehen.

Beobachtung:
Achte auf die Hände deines Gegenübers. Wenn sie sich ständig bewegen, z. B. durch das Zupfen an der Kleidung oder das Drehen eines Rings, zeigt dies oft innere Unruhe und Nervosität.

Diese Mikrogesten können besonders in heiklen Momenten oder bei kritischen Aussagen auftreten.

Praxisbeispiel:
Beobachte, wie dein Gegenüber seine Hände während der Verhandlung einsetzt. Wenn er unruhige, wiederholte Gesten macht, könnte dies darauf hinweisen, dass er nervös oder unsicher ist.

Solche Gesten können dir helfen, den emotionalen Zustand des Gegenübers einzuschätzen und entsprechend darauf zu reagieren.

TIP: Achte auf kleine Mikrogesten wie das Zupfen oder Spielen mit Gegenständen.

Diese unbewussten Bewegungen deuten oft auf innere Unruhe oder Nervosität hin und können dir wichtige Hinweise auf den mentalen Zustand deines Gesprächspartners geben.

6. Synchronität von Gesten – Zeichen für Harmonie

Beschreibung:

Wenn Menschen in einer Verhandlung oder einem Gespräch die Gesten des anderen unbewusst „spiegeln" oder synchronisieren, zeigt das oft ein hohes Maß an Harmonie und Zustimmung.

Dies geschieht unbewusst und signalisiert eine gute Übereinstimmung sowie die Bereitschaft, auf einer gemeinsamen Ebene zu kommunizieren. Synchronität kann ein Zeichen dafür sein, dass die Person offen und bereit zur Kooperation ist. Fehlt diese Spiegelung, kann das auf Distanz oder Ablehnung hinweisen.

Beobachtung:

Achte darauf, ob dein Gegenüber deine Gesten unbewusst imitiert.

Wenn du beispielsweise deinen Kopf leicht zur Seite neigst und dein Gegenüber dies nachahmt, zeigt das eine positive Übereinstimmung. Wenn jedoch keine Synchronität vorhanden ist, kann das auf eine Distanz oder ein fehlendes Vertrauen hindeuten.

Praxisbeispiel:

In einer Verhandlung kannst du versuchen, deine Körpersprache bewusst offen und freundlich zu gestalten und beobachten, ob dein Gegenüber diese Gesten unbewusst widerspiegelt. Synchronität in der Körpersprache zeigt oft eine harmonische Atmosphäre und positive Übereinstimmung.

TIP: Achte auf die Synchronität von Gesten. Wenn dein Gegenüber deine Körpersprache spiegelt, zeigt das oft eine Übereinstimmung und ein gutes Verhandlungsklima.

7. Distanz und Nähe als Verhandlungssignal

Beschreibung:

Die körperliche Distanz, die jemand einnimmt, kann in einer Verhandlung viel über seine innere Einstellung verraten. Menschen, die eine größere Distanz halten, fühlen sich möglicherweise unwohl oder möchten eine Barriere schaffen, während Personen, die sich ihrem Gegenüber nähern, Offenheit und Vertrauen signalisieren.

Diese Nähe-Distanz-Strategie kann bewusst oder unbewusst sein und beeinflusst die Dynamik des Gesprächs erheblich.

Beobachtung:

Achte darauf, wie nahe oder entfernt dein Gesprächspartner von dir sitzt oder steht. Wenn jemand während einer Verhandlung auf Distanz bleibt, könnte dies ein Zeichen von Unsicherheit oder Zurückhaltung sein.

Eine geringere Distanz und eine leicht vorgebeugte Haltung hingegen zeigen oft Interesse und Offenheit.

Praxisbeispiel:
Wähle in einer Verhandlung eine neutrale Distanz, die für beide Parteien angenehm ist. Sollte dein Gegenüber die Distanz verringern, ist dies ein Zeichen für Vertrauen und Nähe. Eine vergrößerte Distanz hingegen kann auf emotionale Distanz oder ein Bedürfnis nach Abgrenzung hindeuten.

TIP: Achte auf die körperliche Distanz deines Gegenübers. Eine geringe Distanz signalisiert Offenheit und Vertrauen, während eine größere Distanz auf Abwehr oder Unsicherheit hinweisen kann.

8. Kopfnicken und -schütteln als subtile Reaktion

Beschreibung:
Kopfnicken und -schütteln sind subtile, aber aussagekräftige Körpersignale, die Zustimmung oder Ablehnung signalisieren. In Verhandlungen zeigt ein leichtes Kopfnicken oft Zustimmung und Bereitschaft, den Standpunkt des anderen zu akzeptieren.

Ein Kopfschütteln kann jedoch Ablehnung oder Skepsis ausdrücken, auch wenn die Person verbal nicht widerspricht. Das unbewusste Kopfnicken oder -schütteln kann daher auf die innere Haltung des Gegenübers schließen lassen.

Beobachtung:

Achte darauf, wie häufig und in welchen Momenten dein Gegenüber nickt oder den Kopf schüttelt. Diese kleinen Bewegungen können auch dann stattfinden, wenn keine direkte Antwort gegeben wird, und verraten oft die wahre Haltung der Person.

Praxisbeispiel:

In Verhandlungen kannst du dir das Kopfnicken oder -schütteln deines Gesprächspartners zunutze machen.

Ein leichtes Kopfnicken, während du deine Argumente vorbringst, kann zu mehr Zustimmung führen und dein Gegenüber positiv beeinflussen.

TIP: Achte auf das Kopfnicken und -schütteln deines Gesprächspartners. Auch subtile Kopfsignale können dir zeigen, ob dein Gegenüber innerlich zustimmt oder ablehnt.

9. Blickkontakt und seine Wirkung

Beschreibung:

Blickkontakt ist einer der stärksten Indikatoren für Aufmerksamkeit und Interesse. In einer Verhandlung zeigt direkter Blickkontakt Engagement und Selbstsicherheit, während das Vermeiden von Blickkontakt oft Unsicherheit oder Desinteresse signalisiert.

Ein kontrollierter, ruhiger Blickkontakt schafft eine Verbindung zum Gesprächspartner und zeigt, dass man präsent und auf das Gespräch fokussiert ist.

Beobachtung:

Achte darauf, wie häufig und intensiv dein Gegenüber Blickkontakt hält. Ein gelegentliches Abwenden des Blicks kann natürlich sein, aber ein permanentes Vermeiden deutet auf Unsicherheit oder Desinteresse hin. Intensiver, ununterbrochener Blickkontakt kann hingegen Dominanz oder sogar Einschüchterung signalisieren.

Praxisbeispiel:

In einer Verhandlung solltest du den Blickkontakt dezent, aber beständig halten, um Präsenz und Selbstbewusstsein auszustrahlen. Dies zeigt deinem Gegenüber, dass du engagiert und interessiert bist, ohne zu dominant oder einschüchternd zu wirken.

TIP: Achte auf den Blickkontakt. Ein ruhiger, regelmäßiger Blickkontakt signalisiert Selbstbewusstsein und Interesse und fördert eine konstruktive Gesprächsatmosphäre.

10. Reaktionen auf aggressive Fragen oder Aussagen

Beschreibung:

In Verhandlungen kann es vorkommen, dass provokante oder kritische Fragen gestellt werden, um den Gesprächspartner herauszufordern oder zu verunsichern.

Die Reaktion auf solche aggressiven Fragen kann viel über die innere Stärke und Selbstkontrolle einer Person verraten.

Eine ruhige, unbewegte Haltung signalisiert Gelassenheit und Selbstbewusstsein, während ein Positionswechsel oder eine defensive Körperhaltung Unsicherheit und Nervosität zeigen.

Beobachtung:

Achte darauf, wie dein Gegenüber auf kritische Fragen reagiert. Ein selbstsicherer Verhandlungspartner bleibt ruhig und in seiner Haltung verankert, während ein unsicherer Partner oft kleine nervöse Bewegungen macht oder eine defensivere Haltung einnimmt.

Praxisbeispiel:

Wenn du selbst in einer Verhandlung auf aggressive Fragen stößt, bleibe ruhig und vermeide abrupte Bewegungen. Eine stabile Körperhaltung und ein gelassener Blick zeigen, dass du selbstbewusst und unbeeindruckt bist.

TIP: Beobachte die Reaktionen auf provokante Fragen. Ein ruhiges und stabiles Verhalten zeigt Selbstsicherheit, während Nervosität und Unsicherheit oft durch unruhige Bewegungen sichtbar werden.

Zusammenfassung

In Verhandlungen entscheidet die Körpersprache oft über den Erfolg oder Misserfolg. Eine aufrechte Haltung und offene Gesten signalisieren Selbstbewusstsein und Stärke, während verschränkte Arme oder ein gesenkter Blick oft Unsicherheit oder Abwehr anzeigen.

Dominanz wird häufig durch das Einnehmen von Raum demonstriert, etwa durch eine breite Sitzhaltung oder weit ausladende Gesten.

Gleichzeitig können auch subtile Zeichen wie das Spielen mit einem Stift oder das Berühren des Gesichts Hinweise auf Stress oder Nervosität sein. Wichtig ist, nicht nur die Körpersprache deines Gegenübers zu analysieren, sondern auch deine eigene bewusst einzusetzen.

Eine offene und ruhige Haltung kann Vertrauen aufbauen, während du durch gezielten Blickkontakt Autorität ausstrahlst. Das Zusammenspiel dieser Signale gibt dir in Verhandlungen die Möglichkeit, sowohl die Kontrolle zu behalten als auch auf die Stimmung deines Gegenübers einzugehen.

Kapitel 5:
Beziehungen und Nähe

1. Distanzzonen und ihre Bedeutung

Beschreibung:

Menschen haben unbewusst verschiedene „Distanzzonen", die in Beziehungen und sozialem Umgang wichtig sind. Diese Zonen variieren je nach Kultur, Persönlichkeit und dem Verhältnis zwischen den Personen. Im Allgemeinen gibt es vier Zonen: die intime Zone (0–50 cm), die persönliche Zone (50 cm – 1,2 m), die soziale Zone (1,2 m – 3,6 m) und die öffentliche Zone (über 3,6 m). Die Nähe, die jemand zulässt, gibt Hinweise darauf, wie vertraut oder wohl sich die Person mit dem anderen fühlt. Das bewusste Beachten dieser Zonen hilft, die Beziehung zwischen zwei Menschen besser zu verstehen.

Beobachtung:

Achte darauf, wie nah dir jemand in Gesprächen kommt und ob er Abstand hält. Menschen, die sich in der persönlichen oder intimen Zone aufhalten, fühlen sich oft besonders wohl und verbunden. Wenn jemand mehr Distanz einnimmt, signalisiert dies möglicherweise ein Bedürfnis nach emotionalem Abstand.

Praxisbeispiel:

Respektiere die Distanzzone deines Gesprächspartners und passe dich ihr an. Wenn jemand Distanz wahrt, ist das ein Zeichen dafür, dass er eine formellere Beziehung bevorzugt. In vertrauten Gesprächen hingegen wird meist eine kürzere Distanz zugelassen.

TIP: Beobachte die Distanzzone, die dein Gegenüber einnimmt. Die Nähe oder Distanz kann dir viel darüber verraten, wie die Person sich dir gegenüber fühlt und wie vertraut sie sich mit dir fühlt.

2. Körpersprache bei Freundschaft und Vertrautheit

Beschreibung:

In freundschaftlichen oder vertrauten Beziehungen neigen Menschen dazu, eine offene und entspannte Körpersprache zu zeigen. Die Körperhaltung ist meist locker, die Arme sind entspannt, und der Blickkontakt ist häufig. Man lehnt sich leicht zum Gegenüber, was die Verbundenheit ausdrückt.

Diese offene Körpersprache zeigt, dass sich die Person wohlfühlt und Vertrauen in das Gespräch und den Gesprächspartner hat.

Beobachtung:

Achte darauf, ob dein Gesprächspartner eine lockere, zugewandte Haltung zeigt, die auf Vertrauen und Freundschaft hinweist. Ein leichtes Vorbeugen oder ein entspannter Gesichtsausdruck deuten ebenfalls auf Vertrautheit und Sympathie hin.

Praxisbeispiel:

In freundschaftlichen Gesprächen kannst du ebenfalls eine offene, entspannte Haltung einnehmen, um deinem Gegenüber Vertrauen und Nähe zu signalisieren. Eine zugewandte Haltung und ein entspanntes Lächeln zeigen Offenheit und Verbundenheit.

TIP: Achte auf eine lockere, offene Haltung deines Gesprächspartners. Diese zeigt oft Vertrautheit und Sympathie und ist ein gutes Zeichen für ein harmonisches Gespräch.

3. Berührung als Zeichen von Nähe und Vertrauen

Beschreibung:

Berührungen sind ein starkes Signal für Nähe und Vertrauen. Menschen, die sich wohl und vertraut miteinander fühlen, berühren sich oft unbewusst, beispielsweise durch eine Hand auf der Schulter oder ein leichtes Berühren des Arms. Solche Berührungen vermitteln ein Gefühl von Verbundenheit und können in Gesprächen ein Zeichen für ein gutes Verhältnis sein. Umgekehrt wird das Fehlen von Berührungen oft als Zeichen von Distanz und Zurückhaltung interpretiert.

Beobachtung:

Achte darauf, ob dein Gegenüber in Gesprächen leichte Berührungen verwendet, besonders an Armen oder Schultern. Solche Berührungen signalisieren in der Regel Vertrauen und Nähe. Wenn jemand bewusst auf Berührungen verzichtet, deutet das oft auf eine eher formelle oder distanzierte Beziehung hin.

Praxisbeispiel:

In Gesprächen mit vertrauten Personen kannst du selbst leichte, respektvolle Berührungen einsetzen, um Verbundenheit zu zeigen.

Achte jedoch darauf, ob dein Gegenüber diese Berührungen zulässt und wie er darauf reagiert.

TIP: Achte auf Berührungen als Zeichen für Nähe. Leichte Berührungen an den Armen oder Schultern zeigen oft Verbundenheit und Vertrauen.

4. Spiegeln der Gesten – Sympathie zeigen

Beschreibung:

Das „Spiegeln" von Gesten und Körperhaltungen ist ein unbewusstes Verhalten, das Sympathie und Vertrautheit signalisiert. Wenn zwei Menschen sich gut verstehen, passen sie ihre Körperhaltung, Mimik und Gesten oft unbewusst aneinander an. Diese Synchronisation zeigt, dass beide Personen sich auf einer ähnlichen Wellenlänge befinden und ein gegenseitiges Vertrauen besteht.

Beobachtung:

Achte darauf, ob dein Gegenüber deine Körperhaltung oder Gesten unbewusst imitiert. Das Spiegeln kann so subtil sein, dass es kaum auffällt, ist aber ein starkes Zeichen für Sympathie und eine positive Beziehung.

Praxisbeispiel:

Wenn du selbst Sympathie zeigen möchtest, kannst du bewusst, aber subtil die Körpersprache deines Gesprächspartners spiegeln. Dies verstärkt das Gefühl von Verbundenheit und zeigt, dass du dich auf ihn einlässt.

TIP: Beobachte, ob dein Gegenüber deine Gesten und Haltung spiegelt. Dies ist ein Zeichen von Sympathie und Harmonie und zeigt eine positive Beziehung.

5. Entspannte Haltung als Zeichen für Wohlbefinden

Beschreibung:

Eine entspannte Haltung, bei der sich jemand locker zurücklehnt und die Schultern senkt, zeigt Wohlbefinden und Vertrauen. Menschen, die sich wohlfühlen, nehmen oft eine bequeme, offene Position ein und wirken weniger angespannt.

Diese Entspanntheit signalisiert, dass die Person sich im Gespräch wohl und sicher fühlt.

Ein angespanntes Verhalten, wie das Zusammenziehen der Schultern oder das Vermeiden von Blickkontakt, zeigt hingegen Unbehagen oder Nervosität.

Beobachtung:

Achte auf die Haltung deines Gegenübers. Eine lockere, entspannte Körperhaltung zeigt, dass die Person sich wohlfühlt und keine Schutzmechanismen aktiviert sind. Ein angespannter Oberkörper oder das Festhalten an einem Gegenstand kann hingegen ein Zeichen von Unbehagen sein.

Praxisbeispiel:

In vertrauten Gesprächen kannst du dich selbst in eine entspannte Haltung begeben, um Offenheit und Wohlbefinden zu signalisieren. Eine lockere, zugewandte Position zeigt deinem Gesprächspartner, dass du dich wohl und offen fühlst.

TIP: Achte auf eine entspannte Körperhaltung bei deinem Gegenüber. Dies signalisiert Wohlbefinden und ein positives, vertrautes Verhältnis.

6. Gekreuzte Beine und ihre Bedeutung

Beschreibung:

Das Kreuzen der Beine kann je nach Kontext unterschiedliche Bedeutungen haben. In einem Gespräch oder einer persönlichen Interaktion kann das Überschlagen der Beine ein Zeichen von Entspannung und Wohlbefinden sein, insbesondere wenn der Oberkörper weiterhin zum Gegenüber gerichtet bleibt. Ein übermäßig verschränktes Beinhaltung kann jedoch auch Distanz signalisieren, insbesondere wenn die Beine vom Gesprächspartner abgewandt sind. In einigen Fällen zeigen gekreuzte Beine auch eine gewisse Zurückhaltung oder Unentschlossenheit.

Beobachtung:

Achte darauf, ob und wie die Beine gekreuzt werden. Wenn die Beine locker gekreuzt sind und der Körper weiterhin zum Gegenüber ausgerichtet bleibt, zeigt dies in der Regel Entspanntheit und Offenheit.

Wenn jedoch das Bein in eine abgewandte Richtung zeigt oder stark verschränkt ist, deutet dies eher auf Distanz oder Unsicherheit hin.

Praxisbeispiel:

In einem Gespräch kannst du selbst eine entspannte Haltung mit locker gekreuzten Beinen einnehmen, um Gelassenheit und Interesse zu signalisieren.

Achte jedoch darauf, wie dein Gegenüber darauf reagiert, und passe deine Körperhaltung gegebenenfalls an, um eine harmonische Atmosphäre zu schaffen.

TIP: Achte auf die Richtung und den Grad der Beinkreuzung. Eine offene Beinhaltung signalisiert Entspanntheit, während stark gekreuzte oder abgewandte Beine Distanz oder Zurückhaltung bedeuten können.

7. Häufiger Blickkontakt in persönlichen Gesprächen

Beschreibung:

Blickkontakt ist ein starkes Mittel, um in persönlichen Gesprächen Nähe und Aufmerksamkeit zu zeigen. Ein gleichmäßiger, häufiger Blickkontakt signalisiert Interesse und Verbundenheit.

Zu viel oder intensiver Blickkontakt kann jedoch als unangenehm oder einschüchternd empfunden werden. Menschen, die jemanden sympathisch finden, halten oft den Blickkontakt und zeigen damit Offenheit und Aufmerksamkeit.

Beobachtung:

Achte darauf, ob dein Gegenüber in einem persönlichen Gespräch den Blickkontakt hält oder ob er häufig wegschaut. Ein ruhiger, beständiger Blickkontakt deutet auf Interesse und Vertrautheit hin. Ein unruhiger oder flüchtiger Blickkontakt kann hingegen Unsicherheit oder Distanz signalisieren.

Praxisbeispiel:

In einem Gespräch kannst du selbst Blickkontakt halten, um Interesse und Nähe zu zeigen. Achte jedoch darauf, den Blickkontakt nicht zu intensiv zu gestalten, um eine entspannte Atmosphäre zu bewahren.

TIP: Halte ruhigen, regelmäßigen Blickkontakt. Ein beständiger Blick zeigt Interesse und Verbundenheit und stärkt die persönliche Beziehung.

8. Häufiges Lächeln – Authentisch oder gezwungen?

Beschreibung:

Ein Lächeln ist eines der stärksten Zeichen von Sympathie und positiver Zuneigung. Ein echtes Lächeln ist leicht an den Augenwinkeln zu erkennen – die Augen „lächeln" mit und es entstehen kleine Fältchen. Ei

n aufgesetztes oder gezwungenes Lächeln betrifft dagegen oft nur die Mundpartie und wirkt starr. Menschen, die sich in der Nähe einer vertrauten Person befinden, neigen zu einem natürlichen, entspannten Lächeln, das Vertrauen und Freude ausdrückt.

Beobachtung:

Achte darauf, ob das Lächeln deines Gegenübers echt wirkt oder nur die Lippen betrifft. Ein echtes Lächeln strahlt die gesamte Mimik aus, während ein gezwungenes Lächeln oft steif und aufgesetzt wirkt.

Praxisbeispiel:

In Gesprächen kannst du selbst ein natürliches, entspanntes Lächeln einsetzen, um Offenheit und Sympathie zu zeigen. Achte darauf, ob dein Gegenüber darauf reagiert und ebenfalls ein echtes Lächeln zeigt.

TIP: Achte darauf, ob das Lächeln deines Gegenübers echt ist. Ein Lächeln, das auch die Augen erreicht, zeigt Sympathie und echte Freude.

9. Reaktionen auf persönliche Fragen

Beschreibung:

Die Art und Weise, wie jemand auf persönliche Fragen reagiert, kann viel über das Verhältnis und die Vertrautheit zwischen den Gesprächspartnern verraten. Menschen, die sich wohl und vertraut fühlen, beantworten persönliche Fragen meist offen und ohne Zögern. Eine abweisende Reaktion, wie das Ausweichen des Blicks oder ein kurzes, knappes Antworten, kann hingegen auf Unwohlsein oder mangelndes Vertrauen hinweisen.

Auch nervöse Gesten wie das Berühren des Gesichts oder das Spielen mit Gegenständen zeigen, dass die Person sich unsicher fühlt.

Beobachtung:

Achte darauf, wie dein Gegenüber auf persönliche Fragen reagiert. Offenheit und ein entspannter Ausdruck zeigen Vertrauen, während ein angespanntes Verhalten oder ein plötzliches Ausweichen auf Unsicherheit hindeuten.

Praxisbeispiel:

Wenn du eine persönliche Frage stellst, achte auf die Reaktion deines Gegenübers. Ein entspannter Gesichtsausdruck und eine ausführliche Antwort zeigen Offenheit und Vertrauen. Ein kurzes, knappes Antworten oder ein Ausweichen deuten auf Zurückhaltung hin.

TIP: Beobachte die Reaktionen auf persönliche Fragen. Eine offene Antwort zeigt Vertrauen, während Zurückhaltung oder Nervosität auf Unsicherheit hinweisen können.

10. Körpersprache in Gruppen vs. Einzelgesprächen

Beschreibung:

Die Körpersprache ändert sich oft, je nachdem, ob man sich in einer Gruppe oder in einem Einzelgespräch befindet. In Einzelgesprächen ist die Körpersprache direkter und zugewandter, während in einer Gruppe Menschen oft eine etwas defensivere oder zurückhaltendere Haltung einnehmen.

Die Haltung in einer Gruppe kann auch zeigen, zu wem sich die Person besonders hingezogen oder verbunden fühlt – sie wendet sich oft unbewusst derjenigen Person zu, der sie am nächsten steht.

Beobachtung:

Achte darauf, wie sich die Körpersprache deines Gegenübers in einer Gruppe verändert. Eine zugewandte Haltung zeigt Sympathie und Interesse, während eine distanziertere Haltung auf weniger Interesse hindeutet. Auch kleine Berührungen und Blickkontakte zeigen, zu wem die Person eine engere Beziehung hat.

Praxisbeispiel:

In einer Gruppe kannst du beobachten, zu wem sich dein Gegenüber besonders hingezogen fühlt, indem du auf seine Körperhaltung und Blickrichtung achtest. Menschen wenden sich oft unbewusst in die Richtung der Person, der sie am nächsten stehen.

TIP: Achte in Gruppen auf die Körpersprache und Blickrichtung. Die Haltung verrät oft, zu wem sich jemand besonders hingezogen fühlt oder mit wem er sich am wohlsten fühlt.

Zusammenfassung

Die Körpersprache spielt eine entscheidende Rolle, wenn es darum geht, Nähe und Vertrauen aufzubauen. Ein echtes Lächeln, das sowohl die Lippen als auch die Augen erreicht, ist ein starkes Signal für Sympathie.

Ebenso zeigt sich Verbundenheit in kleinen Gesten wie dem Spiegeln von Bewegungen oder der bewussten Nähe, die jemand sucht.

Die Distanz zwischen zwei Personen verrät viel über ihre Beziehung: Ein enger Abstand deutet auf Vertrautheit hin, während eine größere Distanz eher auf Zurückhaltung schließen lässt.

Auch die Art, wie Berührungen eingesetzt werden, ist bedeutend – eine kurze, leichte Berührung kann Vertrauen und Sympathie signalisieren. Um Beziehungen aktiv zu stärken, solltest du auf die Körpersprache deines Gegenübers achten und sie mit einer offenen Haltung und ehrlicher Mimik erwidern. So schaffst du eine Basis für echte Nähe und Vertrauen.

Kapitel 6:
Selbstsicherheit und Unsicherheit

1. Aufrechte Körperhaltung als Zeichen von Selbstbewusstsein

Beschreibung:

Eine aufrechte Körperhaltung ist eines der deutlichsten Signale für Selbstsicherheit. Wenn jemand aufrecht steht oder sitzt, die Schultern entspannt nach hinten gerichtet und der Kopf aufrecht ist, vermittelt dies Stärke und innere Sicherheit. Diese Haltung zeigt, dass die Person fest in ihrer Überzeugung ist und sich ihrer Umgebung bewusst ist. Eine zusammengesunkene Haltung oder ein nach unten geneigter Kopf signalisiert hingegen Unsicherheit und Zurückhaltung.

Beobachtung:

Achte auf die Haltung deines Gegenübers. Wenn jemand aufrecht und stabil steht oder sitzt, zeigt dies Selbstbewusstsein. Eine geduckte, nach unten geneigte Haltung kann hingegen auf Unsicherheit oder ein geringes Selbstwertgefühl hindeuten.

Praxisbeispiel:

In Situationen, in denen du selbstsicher wirken möchtest, achte auf deine eigene Körperhaltung. Eine aufrechte Haltung mit offenen Schultern strahlt Sicherheit aus und wird positiv wahrgenommen.

TIP: Halte eine aufrechte Körperhaltung. Diese signalisiert Selbstsicherheit und Offenheit und beeinflusst die Wahrnehmung anderer positiv.

2. Fester Händedruck als Ausdruck von Selbstsicherheit

Beschreibung:

Ein fester, aber nicht übertriebener Händedruck zeigt Selbstbewusstsein und Offenheit. Menschen, die einen sicheren Händedruck haben, strahlen damit Vertrauen in sich selbst aus. Ein zu schwacher Händedruck kann hingegen Unsicherheit oder Zurückhaltung signalisieren, während ein übermäßig fester Händedruck oft als dominierend wahrgenommen wird. Der richtige Händedruck zeigt Entschlossenheit und eine positive Einstellung.

Beobachtung:

Achte darauf, wie dein Gegenüber dir die Hand gibt. Ein fester, aber nicht übertriebener Händedruck zeigt Selbstsicherheit und Offenheit, während ein schlaffer Händedruck auf Unsicherheit hinweisen kann.

Praxisbeispiel:

Gib deinem Gegenüber in der Begrüßung einen festen, aber freundlichen Händedruck. Dies vermittelt Selbstvertrauen und schafft einen positiven ersten Eindruck.

TIP: Ein fester Händedruck signalisiert Selbstsicherheit. Achte darauf, dass dein Händedruck weder zu fest noch zu schwach ist, um ein positives Signal zu senden.

3. Blickkontakt als Zeichen von Selbstbewusstsein

Beschreibung:

Menschen, die sich sicher fühlen, halten oft einen ruhigen und beständigen Blickkontakt.

Direkter Blickkontakt zeigt Interesse und Engagement und signalisiert, dass die Person präsent und zuversichtlich ist.

Menschen, die sich unsicher fühlen, neigen eher dazu, den Blickkontakt zu vermeiden oder ihn nur kurz zu halten. Ein ruhiger, natürlicher Blickkontakt vermittelt hingegen Selbstsicherheit und Offenheit.

Beobachtung:
Achte darauf, wie oft dein Gegenüber den Blickkontakt hält. Ein ruhiger und beständiger Blick zeigt Selbstbewusstsein und Interesse, während häufiges Ausweichen oder ein unsteter Blick Unsicherheit signalisieren kann.

Praxisbeispiel:
Halte während eines Gesprächs ruhigen, regelmäßigen Blickkontakt, um Selbstsicherheit und Interesse zu zeigen. Dies verstärkt deine Präsenz im Gespräch und zeigt, dass du dich wohlfühlst.

TIP: Ein natürlicher, regelmäßiger Blickkontakt zeigt Selbstbewusstsein und fördert eine positive Gesprächsatmosphäre.

4. Die Stimme und ihre Lautstärke

Beschreibung:

Menschen, die sich selbstbewusst fühlen, sprechen in einer klaren, gut hörbaren Lautstärke. Eine ruhige, nicht zu laute, aber dennoch durchsetzungsfähige Stimme zeigt, dass jemand sicher in seiner Aussage ist.

Menschen, die sich unsicher fühlen, neigen dazu, leiser zu sprechen oder ihre Stimme zu senken, was oft darauf hindeutet, dass sie sich unwohl fühlen oder wenig Überzeugung in ihre Worte legen. Eine kontrollierte, angenehme Lautstärke hingegen signalisiert Selbstbewusstsein.

Beobachtung:

Achte auf die Lautstärke und Klarheit der Stimme deines Gegenübers. Eine klare, moderate Lautstärke zeigt Sicherheit, während ein leiser Ton auf Unsicherheit hindeuten kann. Menschen, die sich ihrer Aussagen sicher sind, sprechen meist in einem ruhigen, aber präsenten Tonfall.

Praxisbeispiel:

Wenn du selbstsicher wirken möchtest, achte auf eine angenehme Lautstärke und Klarheit in deiner Stimme. Dies hilft dir, überzeugender und entschlossener zu wirken.

TIP: Eine ruhige, klare Lautstärke zeigt Selbstsicherheit und verstärkt die Überzeugungskraft deiner Worte.

5. Gestik und Selbstsicherheit

Beschreibung:

Selbstsichere Menschen nutzen oft natürliche und kontrollierte Gesten, um ihre Aussagen zu unterstreichen. Eine ruhige, klare Gestik zeigt, dass die Person sich wohlfühlt und keine übermäßige Nervosität verspürt. Menschen, die sich unsicher fühlen, machen oft hektische oder übertriebene Gesten oder versuchen ihre Hände zu verstecken. Eine kontrollierte Gestik, wie das offene Halten der Hände oder das ruhige, gezielte Bewegen der Arme, signalisiert Selbstsicherheit und Ruhe.

Beobachtung:

Achte auf die Gestik deines Gegenübers. Wenn die Hände und Arme ruhig und gezielt eingesetzt werden, zeigt dies Selbstsicherheit. Übertriebene oder unruhige Gesten hingegen deuten auf Nervosität und Unsicherheit hin.

Praxisbeispiel:

Wenn du selbstsicher wirken möchtest, verwende ruhige, gezielte Gesten, um deine Aussagen zu unterstreichen. Achte darauf, dass deine Bewegungen kontrolliert sind und deine Worte unterstützen, anstatt hektisch oder ablenkend zu wirken.

TIP: Verwende ruhige, gezielte Gesten, um deine Aussagen zu unterstützen. Eine natürliche Gestik zeigt Selbstsicherheit und unterstreicht deine Aussagen positiv.

6. Körperlicher Raum einnehmen

Beschreibung:

Selbstbewusste Menschen nehmen oft auf natürliche Weise mehr Raum ein.

Das kann sich durch eine entspannte Haltung mit leicht geöffneten Armen und Beinen oder durch das Ablegen der Hände auf einem Tisch zeigen. Dieses Einnehmen von Raum signalisiert Sicherheit und Wohlbefinden. Unsichere Menschen hingegen neigen dazu, sich „kleiner" zu machen, indem sie ihre Arme und Beine eng am Körper halten oder sich ein wenig zusammenkauern. Diese Haltung wirkt oft defensiv und signalisiert ein geringeres Selbstbewusstsein.

Beobachtung:

Achte darauf, ob dein Gegenüber viel Raum einnimmt oder eher eine geschlossene Haltung hat. Eine offene, raumeinnehmende Körperhaltung zeigt Selbstsicherheit, während eine enge, zusammengezogene Haltung auf Unsicherheit hinweisen kann.

Praxisbeispiel:

Wenn du selbstsicher wirken möchtest, nimm bewusst etwas mehr Raum ein, indem du deine Arme und Beine leicht öffnest und eine entspannte Haltung einnimmst. Vermeide es, dich klein zu machen oder deine Arme zu verschränken.

TIP: Nimm bewusst Raum ein, um Selbstsicherheit zu signalisieren. Eine offene Körperhaltung zeigt, dass du dich wohlfühlst und keine Angst hast, präsent zu sein.

7. Mimik: Ein entspannter Gesichtsausdruck

Beschreibung:

Selbstbewusste Menschen haben oft einen entspannten, offenen Gesichtsausdruck. Ein leichtes Lächeln oder eine ruhige Mimik zeigen, dass sie sich wohl und sicher fühlen.

Menschen, die unsicher sind, neigen oft zu einer angespannten Mimik, beispielsweise durch leicht zusammengezogene Augenbrauen oder einen festen Kiefer. Ein angespannter Gesichtsausdruck kann auf innere Unsicherheit und Nervosität hindeuten.

Beobachtung:

Achte auf die Mimik deines Gegenübers. Ein entspannter Gesichtsausdruck signalisiert Gelassenheit und Selbstsicherheit, während ein angespannter oder verkrampfter Gesichtsausdruck auf Unsicherheit hinweist.

Praxisbeispiel:

Um selbstsicher zu wirken, achte darauf, deine Gesichtszüge zu entspannen. Ein leichtes, natürliches Lächeln und eine offene Mimik zeigen, dass du dich sicher fühlst und Vertrauen in dich selbst hast.

TIP: Halte deine Mimik entspannt und ruhig. Ein offener Gesichtsausdruck zeigt Selbstbewusstsein und Gelassenheit.

8. Gleichmäßiges Atmen

Beschreibung:

Selbstbewusste Menschen atmen in der Regel ruhig und gleichmäßig. Ein gleichmäßiger Atemrhythmus signalisiert Gelassenheit und Selbstkontrolle.

Menschen, die unsicher oder nervös sind, haben oft eine flache, schnelle Atmung, die durch Anspannung ausgelöst wird. Ein ruhiger Atem hingegen wirkt beruhigend und zeigt, dass die Person in ihrer Mitte ist und sich nicht von äußeren Einflüssen stressen lässt.

Beobachtung:

Achte auf die Atmung deines Gegenübers. Ein gleichmäßiger, ruhiger Atem zeigt innere Ruhe und Selbstsicherheit. Eine unregelmäßige oder schnelle Atmung kann hingegen auf Nervosität und innere Anspannung hindeuten.

Praxisbeispiel:

Wenn du in einer Situation selbstsicher wirken möchtest, achte auf deinen Atem und versuche, ruhig und gleichmäßig zu atmen. Dies hilft dir, entspannt zu wirken und deine Nervosität zu kontrollieren.

TIP: Achte auf eine ruhige, gleichmäßige Atmung. Ein stabiler Atemrhythmus signalisiert Gelassenheit und Selbstkontrolle.

9. Lächeln als Zeichen von Sicherheit

Beschreibung:

Ein echtes, selbstbewusstes Lächeln kann positive Emotionen signalisieren und zeigt, dass sich die Person wohlfühlt. Ein selbstsicheres Lächeln ist entspannt und umfasst die gesamte Mimik, besonders die Augen.

Menschen, die unsicher sind, zeigen oft ein eher gezwungenes oder zurückhaltendes Lächeln, das nur die Mundpartie betrifft und nicht die Augen erreicht. Ein echtes Lächeln ist eine kraftvolle Geste, die das Selbstvertrauen stärkt und eine positive Atmosphäre schafft.

Beobachtung:

Achte darauf, ob das Lächeln deines Gegenübers echt und entspannt wirkt oder ob es eher zurückhaltend und verkrampft ist. Ein authentisches Lächeln zeigt oft Selbstbewusstsein, während ein gezwungenes Lächeln Unsicherheit andeuten kann.

Praxisbeispiel:

Zeige selbst ein offenes, authentisches Lächeln, um Sicherheit und positive Ausstrahlung zu signalisieren. Achte darauf, dass dein Lächeln entspannt und natürlich wirkt.

TIP: Achte auf ein entspanntes, echtes Lächeln. Ein authentisches Lächeln zeigt Selbstsicherheit und schafft eine positive Stimmung.

10. Konstante, entspannte Handgesten

Beschreibung:

Selbstbewusste Menschen verwenden meist kontrollierte und entspannte Handgesten, um ihre Aussagen zu unterstreichen.

Solche Gesten sind ruhig und gezielt und unterstützen das Gesagte, ohne hektisch oder übertrieben zu wirken. Menschen, die unsicher sind, neigen oft dazu, ihre Hände entweder zu verstecken oder nervös mit den Fingern zu spielen. Ruhige, gezielte Handgesten zeigen hingegen, dass die Person sich wohlfühlt und Kontrolle über ihre Ausstrahlung hat.

Beobachtung:

Achte auf die Handgesten deines Gegenübers. Ruhige, gezielte Bewegungen zeigen Selbstsicherheit, während unruhige oder versteckte Hände auf Unsicherheit hinweisen.

Praxisbeispiel:

Verwende in Gesprächen selbst ruhige, kontrollierte Handgesten, um deine Aussagen zu unterstreichen und Selbstbewusstsein zu zeigen.

Vermeide es, nervös mit deinen Händen zu spielen oder sie zu verstecken.

TIP: Achte auf ruhige, kontrollierte Handgesten. Diese zeigen Selbstsicherheit und unterstreichen deine Aussagen auf natürliche Weise.

Zusammenfassung

Selbstsicherheit und Unsicherheit spiegeln sich deutlich in der Körpersprache wider und können sowohl bewusst als auch unbewusst eingesetzt werden.

Eine selbstsichere Person zeigt dies durch eine aufrechte Haltung, offene Gesten und entspannten Blickkontakt. Ihre Bewegungen sind ruhig und kontrolliert, was darauf hinweist, dass sie sich wohlfühlt und die Situation im Griff hat.

Unsicherheit hingegen zeigt sich oft durch nervöse Gesten wie das Berühren des Gesichts, das Spielen mit Gegenständen oder unruhige Bewegungen.

Besonders auffällig sind auch eine zusammengezogene Haltung oder ein gesenkter

Blick. In Gesprächen kannst du diese Signale nutzen, um dein eigenes Verhalten anzupassen. Indem du selbst eine offene und entspannte Körpersprache zeigst, kannst du nicht nur dein Gegenüber beruhigen, sondern auch deine eigene Ausstrahlung stärken.

Kapitel 7:
Flirten und Anziehung

1. Offene Körperhaltung als Zeichen von Interesse

Beschreibung:

Eine offene Körperhaltung ist eines der deutlichsten Signale von Interesse und Anziehung. Wenn jemand sich zum Gegenüber hin öffnet, z. B. durch leicht nach vorne gelehnte Haltung, unverschränkte Arme und eine offene Fußstellung, zeigt das, dass die Person sich dem Gesprächspartner emotional zugeneigt und interessiert fühlt. Eine verschlossene Haltung, wie das Verschränken der Arme oder Abwenden des Körpers, signalisiert hingegen Desinteresse oder Zurückhaltung.

Beobachtung:

Achte darauf, ob die Person eine offene Körperhaltung einnimmt, insbesondere durch leichte Neigung in deine Richtung und eine entspannte Arm- und Fußstellung. Solche Zeichen deuten auf Offenheit und Interesse hin.

Praxisbeispiel:

In einem Flirt oder interessierten Gespräch kannst du selbst eine offene Haltung einnehmen, um dein Interesse zu signalisieren. Eine zugewandte Haltung und entspannte Arme schaffen eine einladende Atmosphäre und fördern die Verbindung.

TIP: Achte auf eine offene, zugewandte Körperhaltung. Diese zeigt Interesse und Offenheit und fördert das Gefühl von Anziehung.

2. Häufiges Lächeln und Augenkontakt

Beschreibung:

Ein Lächeln ist ein klares Zeichen von Sympathie und Anziehung. Wenn jemand häufig lächelt und gleichzeitig Augenkontakt hält, zeigt das Offenheit und Interesse an der Person. Häufiges, entspanntes Lächeln signalisiert Freude an der Interaktion und vermittelt Wärme. Augenkontakt verstärkt dieses Interesse, da es Nähe und Verbindung schafft.

Beobachtung:

Achte darauf, ob dein Gegenüber häufig lächelt und deinen Blick sucht. Ein echtes Lächeln, das die Augen mit einbezieht, zeigt oft echtes Interesse und Sympathie.

Praxisbeispiel:

In einem Flirtgespräch kannst du selbst bewusst lächeln und regelmäßigen Augenkontakt halten, um Interesse und Sympathie zu zeigen. Ein echtes, warmes Lächeln schafft eine angenehme Atmosphäre.

TIP: Häufiges Lächeln und Augenkontakt zeigen Sympathie und Interesse und helfen dabei, eine positive Verbindung aufzubauen.

3. Nachahmung von Gesten und Verhalten

Beschreibung:

Wenn Menschen jemanden attraktiv finden, neigen sie oft unbewusst dazu, dessen Gesten und Verhaltensweisen zu spiegeln. Diese „Nachahmung" ist ein Zeichen dafür, dass die Person auf einer ähnlichen Wellenlänge ist und eine Verbindung schaffen möchte.

Dies zeigt sich durch das Imitieren von Körperhaltungen, Bewegungen oder sogar dem Sprachtempo. Spiegelverhalten ist eine unbewusste Reaktion und zeigt häufig eine starke Anziehung.

Beobachtung:

Achte darauf, ob die Person deine Bewegungen und Gesten spiegelt, z. B. durch ähnliche Handhaltungen, Kopfneigungen oder andere subtile Nachahmungen. Diese Synchronität ist ein gutes Zeichen für Anziehung und Verbundenheit.

Praxisbeispiel:

Du kannst subtil die Gesten deines Gegenübers spiegeln, um zu zeigen, dass du dich ihm verbunden fühlst. Dies verstärkt das Gefühl von Vertrautheit und Anziehung.

TIP: Achte auf das Spiegeln von Gesten und Haltungen. Dies zeigt oft, dass die Person sich auf einer gemeinsamen Ebene sieht und Interesse hat.

4. Zufuhr zum persönlichen Raum (Proxemik)

Beschreibung:

Wenn jemand sich dir nähert und in deine persönliche Distanzzone tritt, zeigt das oft Interesse und Vertrautheit. Diese Annäherung signalisiert, dass die Person sich in deiner Nähe wohlfühlt und bereit ist, eine intimere Bindung aufzubauen.

Der persönliche Raum liegt bei den meisten Menschen zwischen 50 cm und 1,2 m. Wenn jemand in diese Zone eintritt, kann das ein klares Zeichen von Anziehung sein – besonders, wenn die Nähe beibehalten wird.

Beobachtung:

Achte darauf, wie nah dir jemand in einem Gespräch kommt. Wenn die Person den Abstand verringert und in deine persönliche Zone eintritt, zeigt das oft Interesse und Vertrautheit.

Praxisbeispiel:

Du kannst subtil auf die Nähe deines Gegenübers reagieren, indem du ebenfalls den Abstand verringerst. Diese Annäherung zeigt, dass du dich wohlfühlst und Nähe zulassen möchtest.

TIP: Achte auf die Distanz deines Gegenübers. Ein verringertes Abstandsniveau zeigt oft Interesse und Bereitschaft zur Nähe.

5. „Unbewusste" Berührungen

Beschreibung:

Ein weiteres starkes Zeichen von Anziehung sind subtile, meist „unbewusste" Berührungen. Diese können in Form eines leichten Berührens der Hand, des Arms oder des Rückens geschehen. Solche Berührungen sind oft unbewusst und zeigen, dass die Person eine Verbindung spürt und Nähe aufbauen möchte. Berührungen lösen oft positive Emotionen aus und stärken das Gefühl der Verbundenheit.

Beobachtung:

Achte darauf, ob dein Gegenüber dich gelegentlich leicht berührt, z. B. am Arm oder an der Hand. Solche unbewussten Berührungen zeigen Interesse und Nähe.

Praxisbeispiel:

In einem Flirt kannst du selbst gelegentliche, subtile Berührungen einsetzen, um Nähe zu signalisieren. Achte darauf, dass die Berührungen respektvoll und natürlich wirken.

TIP: Achte auf leichte, unbewusste Berührungen. Solche Gesten zeigen oft ein starkes Interesse und verstärken die Verbindung.

6. Spielen mit Haaren oder Kleidung

Beschreibung:

Das Spielen mit Haaren, Schmuck oder Kleidung ist oft ein unbewusstes Zeichen für Nervosität oder das Bedürfnis, auf sich aufmerksam zu machen. Beim Flirten kann dieses Verhalten auch auf den Wunsch hinweisen, attraktiv zu wirken und die Aufmerksamkeit des Gegenübers zu gewinnen. Frauen neigen häufig dazu, mit ihren Haaren zu spielen, während Männer sich oft an ihrer Kleidung oder Accessoires orientieren.

Beobachtung:

Achte darauf, ob dein Gegenüber häufig an den Haaren, am Schmuck oder an der Kleidung spielt.

Dieses Verhalten zeigt oft, dass die Person sich in deiner Nähe nervös, aber gleichzeitig interessiert fühlt.

Praxisbeispiel:

Wenn du das Gefühl hast, dass dein Gegenüber nervös ist und sich dir zugeneigt fühlt, kannst du selbst eine lockere, beruhigende Haltung einnehmen. Dadurch wird die Atmosphäre entspannter und die Nervosität reduziert.

TIP: Beobachte, ob jemand an Haaren oder Kleidung spielt. Diese unbewussten Gesten zeigen oft Interesse und das Bedürfnis, positiv wahrgenommen zu werden.

7. Körperneigung in Richtung des Gegenübers

Beschreibung:

Menschen neigen sich unbewusst leicht in Richtung der Person, zu der sie sich hingezogen fühlen. Eine subtile Körperneigung zeigt Interesse und Offenheit und signalisiert dem Gegenüber, dass man sich auf das Gespräch und die Nähe einlässt.

Ein leichtes Vorbeugen während des Gesprächs ist oft ein Zeichen dafür, dass die Person gerne zuhört und auf einer emotionalen Ebene beteiligt ist.

Beobachtung:

Achte darauf, ob sich die Person leicht in deine Richtung neigt, besonders in intensiveren Momenten des Gesprächs. Diese Bewegung zeigt meist Interesse und den Wunsch, näher bei dir zu sein.

Praxisbeispiel:

Wenn du selbst Interesse zeigen möchtest, kannst du dich ebenfalls leicht in Richtung deines Gegenübers neigen. Dies schafft eine verbundene, intime Atmosphäre und zeigt, dass du am Gespräch interessiert bist.

TIP: Achte auf die Körperneigung deines Gesprächspartners. Ein leichtes Vorbeugen zeigt oft Interesse und eine emotionale Beteiligung.

8. Erweiterte Pupillen und vergrößerte Augen

Beschreibung:

Die Augen sind ein starker Indikator für Anziehung. Wenn jemand sich zu einer anderen Person hingezogen fühlt, weiten sich oft die Pupillen, und die Augen erscheinen größer und „leuchtender". Diese Reaktion ist unbewusst und ein starkes Zeichen für emotionale und körperliche Anziehung. Menschen mit erweiterten Pupillen wirken auch meist attraktiver auf ihre Gesprächspartner.

Beobachtung:

Achte auf die Augen deines Gegenübers. Wenn die Pupillen leicht geweitet sind und die Augen groß und strahlend wirken, deutet dies auf echtes Interesse und Anziehung hin.

Praxisbeispiel:

Wenn du Pupillenerweiterung bei deinem Gegenüber wahrnimmst, zeigt das, dass die Person sich zu dir hingezogen fühlt. Dies kann dir helfen, das Interesse deines Gegenübers einzuschätzen und die Bindung zu stärken.

TIP: Beobachte die Augen deines Gegenübers. Geweitete Pupillen sind oft ein starkes, unbewusstes Zeichen von Anziehung.

9. Spiegelung der Körpersprache

Beschreibung:

Menschen imitieren unbewusst die Körpersprache der Person, zu der sie sich hingezogen fühlen. Dieses Verhalten, bekannt als „Spiegeln", zeigt eine tiefe Verbundenheit und das Bedürfnis, auf einer gemeinsamen Ebene zu sein. Wenn dein Gegenüber deine Gesten, Körperhaltungen oder sogar deine Sprechweise nachahmt, ist das ein klares Zeichen von Sympathie und Anziehung.

Beobachtung:

Achte darauf, ob die Person deine Bewegungen und Haltungen spiegelt. Diese Synchronisation zeigt, dass sie sich dir verbunden fühlt und deine Nähe schätzt.

Praxisbeispiel:

Wenn du selbst das Verhalten deines Gegenübers leicht spiegelst, schaffst du eine harmonische Atmosphäre und signalisierst auf subtile Weise Interesse und Verbundenheit.

TIP: Achte auf das Spiegeln deiner Körpersprache. Menschen, die sich zueinander hingezogen fühlen, imitieren oft unbewusst Gesten und Haltungen.

10. Leichte Berührungen am eigenen Gesicht

Beschreibung:

Berührungen im Gesicht, wie das Streichen über die Lippen oder das Berühren des Kinns, sind oft unbewusste Zeichen für Anziehung. Diese Gesten zeigen, dass die Person sich wohl und vielleicht ein wenig nervös fühlt, was ein Anzeichen für Interesse und Spannung sein kann.

Das Berühren des Gesichts zeigt oft, dass die Person sich ihrer selbst bewusst ist und sich von der anderen Person angezogen fühlt.

Beobachtung:

Achte darauf, ob dein Gegenüber häufig das Gesicht berührt, etwa die Lippen oder das Kinn. Diese Gesten zeigen oft Anziehung und das Bedürfnis, besonders attraktiv zu wirken.

Praxisbeispiel:

Wenn du bemerkst, dass dein Gegenüber diese Gesten zeigt, kannst du darauf schließen, dass er oder sie sich zu dir hingezogen fühlt. Eine offene, entspannte Haltung hilft, diese positive Spannung zu verstärken.

TIP: Achte auf häufige Berührungen des Gesichts. Diese subtilen Gesten zeigen oft unbewusstes Interesse und den Wunsch, positiv wahrgenommen zu werden.

Zusammenfassung

Flirten und Anziehung basieren oft auf subtilen Signalen, die nonverbal ausgedrückt werden. Ein echtes Lächeln, häufige Blicke und eine offene Körperhaltung sind klare Zeichen von Interesse.

Menschen, die sich zueinander hingezogen fühlen, spiegeln oft unbewusst die Bewegungen des anderen, etwa durch das Übernehmen ähnlicher Gesten oder Haltungen. Auch Berührungen, wie ein leichtes Streifen des Arms, signalisieren Sympathie und können eine Verbindung vertiefen.

Gleichzeitig ist die richtige Distanz entscheidend – ein enger Abstand zeigt Vertrautheit, während zu viel Nähe aufdringlich wirken kann. Flirten ist eine Kunst, bei der es auf das richtige Maß an Aufmerksamkeit ankommt: Zeige Interesse durch Mimik und Gestik, ohne dein Gegenüber zu überfordern.

Die Körpersprache kann dir helfen, subtile Signale zu erkennen und selbst gezielt auszusenden, um Sympathie und Anziehung aufzubauen.

Kapitel 8:
Stress und Nervosität erkennen

1. Schnelle, flache Atmung

Beschreibung:

Eine der häufigsten körperlichen Reaktionen auf Stress oder Nervosität ist eine schnelle, flache Atmung. Wenn jemand angespannt ist, atmet er meist schneller und oberflächlicher, da der Körper im „Kampf- oder Fluchtmodus" ist. Dies führt oft zu einer kurzen, unregelmäßigen Atmung und kann auf innere Unruhe oder Anspannung hinweisen.

Beobachtung:

Achte darauf, ob die Person unregelmäßig und schnell atmet. Diese Veränderung in der Atmung ist ein häufiges Zeichen für Nervosität oder Stress und zeigt, dass die Person sich möglicherweise in einer unangenehmen Situation befindet.

Praxisbeispiel:

In stressigen Situationen kannst du dich auf eine langsame, tiefe Atmung konzentrieren, um selbst ruhiger zu wirken.

Dies kann nicht nur deine eigene Nervosität senken, sondern auch eine beruhigende Wirkung auf dein Gegenüber haben.

TIP: Achte auf die Atmung deines Gesprächspartners. Eine schnelle, flache Atmung ist oft ein Hinweis auf Stress oder Nervosität.

2. Vermehrtes Blinzeln

Beschreibung:
Menschen blinzeln in stressigen Momenten häufiger, da Nervosität den Drang verstärkt, die Augen zu befeuchten und zu schützen. Ein erhöhtes Blinzelverhalten kann daher ein Zeichen von Unruhe oder Anspannung sein, insbesondere wenn die Person in einem intensiven Gespräch steht. Wenn jemand unter Druck steht, nimmt das Blinzeln oft deutlich zu.

Beobachtung:
Achte auf die Häufigkeit des Blinzelns. Wenn jemand ungewöhnlich oft blinzelt, ist dies oft ein unbewusstes Zeichen von Nervosität oder Stress.

Praxisbeispiel:

Wenn du merkst, dass dein Gesprächspartner viel blinzelt, kann dies ein Hinweis auf Anspannung sein. Eine ruhige, entspannte Haltung und ein sanfter Tonfall können helfen, die Situation zu entspannen.

TIP: Achte auf vermehrtes Blinzeln als Hinweis auf Anspannung. Häufiges Blinzeln zeigt oft innere Nervosität oder Stress.

3. Berühren des Gesichts oder Nackens

Beschreibung:

Das Berühren von Gesicht oder Nacken ist ein häufiges, unbewusstes Zeichen von Nervosität. Menschen, die sich unsicher oder gestresst fühlen, neigen dazu, sich selbst beruhigen zu wollen, indem sie oft die Stirn reiben, den Nacken massieren oder den Mund berühren.

Diese Gesten dienen der Selbstberuhigung und zeigen, dass sich die Person in einer unangenehmen Lage befindet.

Beobachtung:

Achte darauf, ob dein Gegenüber häufig das Gesicht oder den Nacken berührt. Solche Gesten können darauf hinweisen, dass die Person nervös oder angespannt ist und versucht, sich selbst zu beruhigen.

Praxisbeispiel:

Wenn du solche Signale bei deinem Gesprächspartner wahrnimmst, kannst du selbst eine beruhigende Haltung einnehmen, um die Anspannung zu reduzieren. Eine offene, entspannte Körpersprache hilft, dem Gegenüber ein Gefühl der Sicherheit zu geben.

TIP: Achte auf Selbstberuhigungsgesten wie das Berühren des Gesichts oder Nackens. Diese Gesten zeigen oft, dass die Person nervös ist und sich unwohl fühlt.

4. Fingertrommeln oder Fußwippen

Beschreibung:

Unruhige Bewegungen wie das Trommeln der Finger oder das Wippen mit dem Fuß sind häufige Anzeichen für innere Unruhe und Nervosität.

Diese Bewegungen sind oft unbewusst und dienen dazu, überschüssige Energie abzubauen, die durch Stress oder Anspannung entsteht. Sie zeigen, dass die Person sich unsicher oder unwohl fühlt.

Beobachtung:

Achte auf unruhige, wiederholte Bewegungen, wie das Wippen eines Fußes oder das Trommeln der Finger. Solche Gesten deuten auf innere Unruhe und Stress hin und zeigen, dass die Person möglicherweise unter Druck steht.

Praxisbeispiel:

Wenn du selbst nervös bist, versuche, dich bewusst auf eine ruhige Haltung zu konzentrieren und die Bewegungen deiner Hände und Füße zu kontrollieren. Dies hilft, Ruhe auszustrahlen und die eigene Nervosität zu reduzieren.

TIP: Achte auf unruhige Bewegungen wie Fingertrommeln oder Fußwippen. Solche Bewegungen sind oft Anzeichen für Nervosität und innere Anspannung.

5. Vermeiden von Blickkontakt

Beschreibung:

Wenn jemand nervös oder gestresst ist, neigt er oft dazu, Blickkontakt zu vermeiden. Dies kann daran liegen, dass der direkte Blickkontakt eine Art „soziale Anstrengung" darstellt und in unangenehmen Situationen besonders schwerfällt. Häufiges Ausweichen des Blicks oder das Herumwandern der Augen zeigt oft Unsicherheit und Unbehagen.

Beobachtung:

Achte darauf, ob die Person häufig den Blickkontakt vermeidet oder die Augen in eine andere Richtung bewegt. Dieses Verhalten ist oft ein Zeichen dafür, dass sich die Person unwohl fühlt oder nervös ist.

Praxisbeispiel:

Halte ruhigen, freundlichen Blickkontakt, ohne dabei zu starren, um deinem Gesprächspartner ein Gefühl der Sicherheit zu geben. Ein sanfter Blickkontakt kann dazu beitragen, die Nervosität des Gegenübers zu senken.

TIP: Achte auf ausweichenden Blickkontakt. Häufiges Vermeiden des Blicks zeigt oft Nervosität und Unsicherheit.

6. Schwitzen – Unkontrollierbares Zeichen für Nervosität

Beschreibung:

Schwitzen ist eine natürliche Reaktion des Körpers auf Stress und Nervosität, besonders an Stellen wie den Handflächen, der Stirn und manchmal auch im Nackenbereich. Diese Reaktion ist oft unkontrollierbar und wird durch das sympathische Nervensystem ausgelöst, das den Körper auf „Kampf oder Flucht" vorbereitet. Schwitzen kann also ein deutliches Anzeichen dafür sein, dass jemand unter Druck steht oder sich unwohl fühlt. Oft versuchen Menschen, die schwitzen, dies durch Abwischen oder Vermeiden von Berührungen zu kaschieren.

Beobachtung:

Achte darauf, ob dein Gegenüber regelmäßig seine Hände abwischt, mit einem Taschentuch die Stirn abtupft oder generell eine erhöhte Hautfeuchtigkeit aufweist.

Diese Anzeichen können darauf hinweisen, dass die Person angespannt ist und sich unwohl fühlt.

Praxisbeispiel:

Wenn du bemerkt, dass dein Gesprächspartner schwitzt, kannst du selbst eine entspannte, offene Körperhaltung einnehmen und den Tonfall ruhig gestalten. So vermittelst du ein Gefühl der Sicherheit und kannst helfen, die Nervosität des Gegenübers zu reduzieren.

TIP: Schwitzen, besonders an den Händen oder der Stirn, ist ein unbewusstes Zeichen für Nervosität. Eine entspannte Körpersprache kann dabei helfen, das Gespräch für den anderen angenehmer zu gestalten.

7. Lippen zusammenpressen oder beißen

Beschreibung:

Das Zusammenpressen oder Beißen der Lippen ist ein häufiger Ausdruck von Anspannung oder Unsicherheit. Menschen, die nervös sind, neigen oft dazu, ihre Lippen fest aufeinanderzupressen, als würden sie sich selbst „zurückhalten" wollen.

Diese Geste ist meist unbewusst und zeigt, dass die Person möglicherweise etwas zurückhalten möchte oder sich in einer unangenehmen Lage befindet. Das Beißen der Lippen kann auch auf innere Anspannung und Unsicherheit hinweisen.

Beobachtung:

Achte darauf, ob dein Gegenüber die Lippen häufig fest zusammenpresst oder an ihnen kaut. Diese Geste deutet oft darauf hin, dass die Person nervös ist oder über etwas nachdenkt, das sie möglicherweise nicht äußern möchte.

Praxisbeispiel:

Um das Gespräch angenehmer zu gestalten, kannst du beruhigend wirken, indem du eine entspannte Mimik zeigst und offene Fragen stellst.

Dies kann dazu beitragen, die Anspannung deines Gegenübers zu verringern und eine freundlichere Gesprächsatmosphäre zu schaffen.

TIP: Lippenpressen oder -beißen ist oft ein unbewusstes Zeichen von Stress. Eine lockere, positive Haltung hilft dabei, den Gesprächspartner zu beruhigen.

8. Häufiges Räuspern oder Husten

Beschreibung:

Häufiges Räuspern oder Husten ist eine weitere unbewusste Reaktion auf Nervosität und kann auftreten, wenn jemand das Gefühl hat, im Gespräch „festzustecken" oder sich unwohl zu fühlen.

Menschen räuspern sich oft, um ihre Stimme zu klären oder als Versuch, die Anspannung abzubauen. Diese körperliche Reaktion kann auch auf einen trockenen Hals hinweisen, der durch die Ausschüttung von Stresshormonen verursacht wird.

Beobachtung:

Achte darauf, ob dein Gesprächspartner sich wiederholt räuspert oder hustet, besonders in emotional angespannten Momenten.

Dies ist oft ein Zeichen dafür, dass die Person nervös ist oder sich in der Situation unwohl fühlt.

Praxisbeispiel:

Wenn du merkst, dass sich dein Gegenüber oft räuspert, kann es hilfreich sein, eine kurze Pause im Gespräch zu machen oder einen entspannenden Kommentar zu geben. Das gibt der Person die Gelegenheit, sich zu sammeln und sich etwas wohler zu fühlen.

TIP: Häufiges Räuspern deutet oft auf Nervosität hin. Eine kurze Gesprächspause kann helfen, die Anspannung zu reduzieren und das Wohlbefinden des Gegenübers zu verbessern.

9. Zappeln und unruhige Bewegungen

Beschreibung:

Zappelige Bewegungen, wie das Hin- und Herrutschen auf dem Stuhl, das ständige Bewegen der Hände oder das Wechseln der Sitzposition, sind typische Anzeichen von Nervosität. Diese unruhigen Bewegungen helfen oft, innere Anspannung abzubauen und dienen als Ventil für aufgestauten Stress.

Menschen, die nervös sind, fühlen sich oft unruhig und haben das Bedürfnis, diese Energie durch Bewegung abzubauen.

Beobachtung:

Achte darauf, ob dein Gesprächspartner häufig die Sitzposition wechselt, die Hände unruhig bewegt oder auf dem Stuhl zappelt. Diese Bewegungen zeigen oft, dass die Person innerlich angespannt ist und sich unwohl fühlt.

Praxisbeispiel:

Um diese Nervosität zu lindern, kannst du ein ruhiges, gleichmäßiges Tempo im Gespräch beibehalten und bewusst auf eine entspannte Körperhaltung achten.

Diese Ruhe kann sich auf dein Gegenüber übertragen und ihm helfen, sich wohler zu fühlen.

TIP: Unruhige Bewegungen deuten auf innere Anspannung hin. Ein ruhiges, gelassenes Auftreten kann helfen, die Unruhe beim Gegenüber zu verringern.

10. Hände oder Beine verschränken

Beschreibung:
Das Verschränken der Arme oder Beine ist eine häufige Abwehrhaltung und kann in stressigen oder nervösen Situationen auftreten. Menschen neigen dazu, diese Haltung einzunehmen, wenn sie sich unsicher fühlen oder eine Art „Schutzwall" aufbauen möchten.

Das Verschränken der Arme oder Beine zeigt, dass die Person sich distanziert und möglicherweise eine innere Barriere aufgebaut hat, um sich zu schützen.

Beobachtung:

Achte darauf, ob dein Gesprächspartner Arme oder Beine verschränkt, besonders wenn das Thema des Gesprächs emotional oder stressig ist. Diese Haltung kann ein Zeichen dafür sein, dass die Person sich unwohl fühlt oder emotional distanziert ist.

Praxisbeispiel:

Wenn du bemerkst, dass dein Gegenüber eine verschlossene Haltung einnimmt, kannst du selbst eine offene, zugewandte Haltung einnehmen, um ihm zu zeigen, dass er sich sicher fühlen kann. Dadurch wird das Gespräch zugänglicher und angenehmer gestaltet.

TIP: Das Verschränken von Armen oder Beinen zeigt oft eine Abwehrhaltung. Eine offene, entspannte Haltung kann helfen, das Vertrauen zu stärken und das Gespräch angenehmer zu machen.

Zusammenfassung

Stress und Nervosität hinterlassen deutliche Spuren in der Körpersprache, die oft unbewusst gesendet werden.

Zeichen wie eine schnelle, flache Atmung, schwitzige Hände oder vermehrtes Blinzeln sind häufige Anzeichen von Anspannung.

Menschen, die gestresst sind, zeigen oft unruhige Bewegungen, wie das Wippen mit dem Fuß oder das Spielen mit einem Gegenstand.

Auch das Vermeiden von Blickkontakt oder das Zusammenpressen der Lippen können auf Nervosität hindeuten. Diese Signale treten meist gemeinsam auf und verstärken sich gegenseitig.

Wenn du solche Anzeichen wahrnimmst, kannst du die Situation entschärfen, indem du eine ruhige, offene Haltung einnimmst und bewusst beruhigend auf dein Gegenüber einwirkst. Gleichzeitig hilft dir dieses Wissen, in stressigen Momenten deine eigene Körpersprache zu kontrollieren, um Ruhe und Gelassenheit auszustrahlen.

Kapitel 9:
Nonverbale Machtspiele

1. Dominanz durch Körperhaltung –
Die Macht der Größe

Beschreibung:

Eine aufrechte, raumeinnehmende Körperhaltung signalisiert Dominanz und Selbstbewusstsein. Menschen, die ihre Schultern nach hinten ziehen, den Kopf aufrecht halten und ihre Gesten weit ausführen, zeigen, dass sie Kontrolle und Stärke besitzen. In nonverbalen Machtspielen ist es üblich, dass dominante Personen ihre Größe und ihren Raum nutzen, um Präsenz zu zeigen und das Gespräch zu dominieren. Eine zusammengesunkene Haltung signalisiert hingegen Unterordnung und kann in Machtspielen als Schwäche wahrgenommen werden.

Beobachtung:

Achte darauf, ob dein Gegenüber seinen Raum einnimmt und sich aufrecht hält. Dominante Personen stehen oder sitzen oft so, dass sie optisch größer wirken und mehr Aufmerksamkeit auf sich ziehen.

Praxisbeispiel:

Wenn du in einer Situation selbst Stärke zeigen möchtest, achte darauf, dich aufrecht hinzustellen oder zu sitzen. Nutze den Raum bewusst und vermeide es, dich „klein zu machen".

TIP: Eine aufrechte Haltung und raumeinnehmende Gesten signalisieren Dominanz und Kontrolle. Nutze diese bewusst, um Stärke und Präsenz zu zeigen.

2. Intensiver Blickkontakt – Kontrolle durch die Augen

Beschreibung:

Blickkontakt ist ein mächtiges Werkzeug in nonverbalen Machtspielen. Dominante Personen halten den Blick oft länger als nötig, um ihr Gegenüber zu „fixieren" und eine kontrollierende Präsenz aufzubauen. Dieser intensive Blickkontakt kann einschüchternd wirken und signalisiert, dass die dominante Person die Kontrolle über das Gespräch hat. Ein zu schnelles Abwenden des Blicks wird hingegen häufig als Unsicherheit oder Unterordnung interpretiert.

Beobachtung:

Achte darauf, ob dein Gegenüber intensiven und langanhaltenden Blickkontakt hält. Dies zeigt oft, dass die Person versucht, die Kontrolle über das Gespräch zu behalten.

Praxisbeispiel:

Halte ruhigen, regelmäßigen Blickkontakt, um Selbstsicherheit und Kontrolle zu signalisieren. Vermeide es, den Blick zu schnell abzuwenden, da dies Unsicherheit zeigen könnte.

TIP: Ein intensiver, kontrollierter Blickkontakt signalisiert Stärke und Kontrolle. Nutze ihn, um Selbstbewusstsein auszustrahlen, ohne einschüchternd zu wirken.

3. Raum einnehmen – Die Kontrolle über die Umgebung

Beschreibung:

Dominante Personen nutzen oft den Raum um sich herum, um ihre Position zu stärken. Dies kann durch das Ausbreiten von Gegenständen, wie das Ablegen eines Laptops oder von Papieren auf einem Tisch, geschehen.

Auch das bewusste Positionieren, wie das Stehen in der Mitte eines Raumes oder das Besetzen eines großen Stuhls, zeigt Dominanz. Die Kontrolle über den Raum ist ein starkes Signal für Macht und Autorität.

Beobachtung:

Achte darauf, wie dein Gegenüber den Raum nutzt. Dominante Personen nehmen oft mehr Platz ein und zeigen durch ihre Positionierung, dass sie die Kontrolle beanspruchen.

Praxisbeispiel:

Wenn du selbst Dominanz ausstrahlen möchtest, nutze den Raum strategisch. Positioniere dich an einem zentralen Ort und vermeide es, dich in eine Ecke zu drängen.

TIP: Die bewusste Nutzung von Raum zeigt Macht und Präsenz. Positioniere dich strategisch, um Stärke und Kontrolle zu signalisieren.

4. Körperliche Nähe als Druckmittel

Beschreibung:

Die bewusste Verringerung der Distanz kann als Machtmittel eingesetzt werden, um das Gegenüber zu verunsichern oder die eigene Dominanz zu verdeutlichen. Dominante Personen treten oft bewusst näher an ihr Gegenüber heran, um eine Art „psychologischen Druck" aufzubauen. Dies kann besonders in Verhandlungen oder Konfliktsituationen dazu dienen, das Gegenüber aus der Komfortzone zu bringen.

Beobachtung:

Achte darauf, ob dein Gegenüber die Distanz bewusst verringert und dadurch versucht, Dominanz zu zeigen. Solches Verhalten kann einschüchternd wirken und das Gespräch emotional beeinflussen.

Praxisbeispiel:

Wenn du dich durch die Nähe deines Gegenübers unwohl fühlst, halte eine selbstbewusste Haltung bei und vergrößere den Abstand, wenn nötig. Zeige, dass du dir deiner Position bewusst bist.

TIP: Nähe kann ein Mittel zur Machtausübung sein. Bewahre eine selbstsichere Haltung, um die Kontrolle in solchen Situationen zu behalten.

5. Unterbrechungen und laute Stimme – Kontrolle über das Gespräch

Beschreibung:

Eine häufige Taktik in Machtspielen ist das Unterbrechen des Gesprächspartners, oft in Kombination mit einer lauten oder durchdringenden Stimme. Dies zeigt, dass die dominante Person die Kontrolle über die Unterhaltung übernehmen möchte. Lautes Sprechen oder das Erhöhen der Stimme signalisiert oft, dass die Person die Aufmerksamkeit auf sich ziehen und ihre Position untermauern möchte.

Beobachtung:

Achte darauf, ob dein Gegenüber häufig unterbricht oder seine Stimme hebt, um das Gespräch zu dominieren. Solches Verhalten kann einschüchternd wirken und zeigt oft einen klaren Machtanspruch.

Praxisbeispiel:

Wenn du unterbrochen wirst, behalte Ruhe und sprich weiter mit klarer Stimme. Lass dich nicht aus der Fassung bringen, sondern signalisiere durch eine ruhige, bestimmte Reaktion Selbstbewusstsein.

TIP: Lass dich durch Unterbrechungen und lautes Sprechen nicht einschüchtern. Eine ruhige, bestimmte Stimme signalisiert Selbstkontrolle und Stärke.

6. Dominanz durch Berührungen

Beschreibung:

Berührungen sind ein starkes Werkzeug in nonverbalen Machtspielen.

Eine dominante Person kann beispielsweise durch ein leichtes Klopfen auf die Schulter oder einen kräftigen Handschlag ihre Machtposition demonstrieren. Solche Berührungen können das Gleichgewicht in der Beziehung beeinflussen, da sie oft ein Gefühl von Kontrolle oder Überlegenheit ausdrücken.

Besonders auffällig ist, wenn eine Person die Berührung initiiert, ohne dass sie erwidert wird – das zeigt, dass sie versucht, das Gespräch oder die Beziehung zu dominieren.

Beobachtung:
Achte darauf, wie dein Gegenüber Berührungen einsetzt. Berührungen, die leicht aufdringlich wirken oder zu oft stattfinden, können ein Versuch sein, Macht zu demonstrieren.

Praxisbeispiel:
Wenn du in einer solchen Situation bist, reagiere souverän. Erwidere eine Berührung mit Selbstbewusstsein oder behalte einen klaren persönlichen Abstand, um deine Position zu stärken.

TIP: Berührungen können Macht und Kontrolle signalisieren. Reagiere ruhig und souverän, um deine eigene Selbstsicherheit zu zeigen.

7. Die „Höhenstrategie" – Dominanz durch Position

Beschreibung:

Die physische Höhe spielt eine wichtige Rolle in Machtspielen. Menschen, die sich in einer übergeordneten Position befinden – sei es, indem sie stehen, während andere sitzen, oder indem sie sich auf einen Podestplatz begeben – wirken automatisch dominanter.

Diese Taktik wird oft in Verhandlungen oder Präsentationen eingesetzt, um Überlegenheit zu demonstrieren. Der Blick von oben herab signalisiert Kontrolle und Stärke.

Beobachtung:

Achte darauf, ob dein Gegenüber versucht, eine physisch erhöhte Position einzunehmen, um Macht auszustrahlen. Dies geschieht oft subtil, etwa indem jemand stehen bleibt, während andere sich setzen.

Praxisbeispiel:

Wenn jemand diese Strategie nutzt, kannst du durch eine aufrechte Sitzhaltung oder ein bewusstes Stehen auf Augenhöhe antworten. So signalisierst du Gleichwertigkeit und bewahrst deine Souveränität.

TIP: Achte auf die Position im Raum. Eine strategische Positionierung kann Dominanz signalisieren oder Gleichwertigkeit herstellen.

8. Künstliche Pausen und Schweigen

Beschreibung:

Das bewusste Einlegen von Pausen oder Schweigen ist eine raffinierte Taktik, um Macht auszuüben. Eine dominante Person kann das Gespräch gezielt unterbrechen oder schweigen, um das Gegenüber zu verunsichern. Diese Stille zwingt oft den Gesprächspartner, die Lücke zu füllen, was ein Gefühl von Unsicherheit erzeugen kann.

Schweigen wird so zu einem mächtigen Werkzeug, um Kontrolle über den Gesprächsfluss zu gewinnen.

Beobachtung:

Achte darauf, ob dein Gegenüber bewusste Pausen einlegt oder das Gespräch abrupt stoppt. Solche Momente können dazu dienen, dich aus dem Konzept zu bringen oder Macht zu demonstrieren.

Praxisbeispiel:

Lass dich durch diese Strategie nicht verunsichern. Nutze die Stille selbstbewusst, um nachzudenken, und führe das Gespräch mit einem klaren Punkt fort.

TIP: Schweigen kann Macht signalisieren. Nutze Pausen selbstbewusst, um Stärke und Kontrolle zu zeigen.

9. „Das letzte Wort" – Abschlusskontrolle im Gespräch

Beschreibung:

In Machtspielen wird oft versucht, das Gespräch mit einem letzten, scharfen oder bestimmenden Satz zu beenden.

Dieses Verhalten zeigt, dass die dominante Person die Kontrolle über den Gesprächsabschluss behalten möchte.

Das „letzte Wort" kann auch durch abschließende Gesten wie das Zuklappen eines Laptops oder das plötzliche Aufstehen signalisiert werden.

Beobachtung:

Achte darauf, ob dein Gesprächspartner das Gespräch abrupt beendet oder durch eine letzte Aussage die Kontrolle über den Abschluss behalten will. Diese Taktik dient dazu, die Machtposition zu betonen.

Praxisbeispiel:

Wenn du bemerkst, dass jemand versucht, das „letzte Wort" zu behalten, kannst du ruhig und souverän reagieren, indem du deinen Standpunkt nochmals klar und präzise zusammenfasst.

TIP: Das „letzte Wort" zeigt oft Dominanz. Behalte die Kontrolle, indem du deinen eigenen Abschluss klar und souverän formulierst.

10. Das Besetzen persönlicher Gegenstände

Beschreibung:

Das absichtliche Berühren oder Besetzen persönlicher Gegenstände kann eine subtile Machttaktik sein.

Ein klassisches Beispiel ist, wenn jemand während eines Gesprächs deinen Stift nimmt, deine Unterlagen verschiebt oder seinen eigenen Gegenstand demonstrativ in deinen persönlichen Raum legt.

Diese Aktionen zeigen unbewusst oder bewusst, dass die Person versucht, die Kontrolle über den Raum oder die Situation zu übernehmen.

Beobachtung:

Achte darauf, ob dein Gegenüber persönliche Gegenstände in deinen Raum bringt oder deine eigenen Gegenstände manipuliert. Solches Verhalten deutet oft auf ein Machtspiel hin.

Praxisbeispiel:

Reagiere ruhig und sachlich, indem du deine Gegenstände bewusst wieder in deinen eigenen Raum bringst. Dadurch zeigst du, dass du dich von dieser Taktik nicht verunsichern lässt.

TIP: Das Besetzen persönlicher Gegenstände ist ein Zeichen von Kontrolle. Bewahre Ruhe und setze klare Grenzen, um deine Position zu stärken.

Zusammenfassung

Machtspiele sind ein fester Bestandteil vieler zwischenmenschlicher Interaktionen und werden oft nonverbal ausgetragen. Eine dominante Person zeigt ihre Stärke durch raumeinnehmende Gesten, intensiven Blickkontakt und eine aufrechte Haltung. Auch das bewusste Schweigen oder das Unterbrechen des Gesprächspartners sind häufige Taktiken, um die Kontrolle zu übernehmen. Andere subtile Zeichen, wie das Besetzen von persönlichem Raum oder das Berühren von Gegenständen, können ebenfalls Dominanz signalisieren. Wichtig ist, diese Machtspiele nicht nur zu erkennen, sondern auch darauf zu reagieren, ohne sich aus der Ruhe bringen zu lassen. Indem du selbst eine klare Haltung bewahrst, Blickkontakt hältst und ruhig antwortest, zeigst du Selbstbewusstsein und verhinderst, dass du in eine untergeordnete Position gedrängt wirst.

Kapitel 10:
Kulturelle Unterschiede

1. Begrüßungsgesten und ihre Bedeutung

Beschreibung:

Begrüßungsgesten variieren stark zwischen verschiedenen Kulturen und sind oft ein erster Hinweis darauf, wie Menschen interagieren und welchen Wert sie auf formelle oder informelle Kommunikation legen.

In vielen westlichen Ländern, z. B. in den USA oder Deutschland, ist ein fester Händedruck üblich und wird als Zeichen von Respekt und Selbstbewusstsein gewertet. In asiatischen Ländern wie Japan ist ein leichter Knicks oder eine Verbeugung jedoch die gängige Begrüßungsform und zeigt Respekt und Zurückhaltung. In Frankreich und anderen südeuropäischen Ländern ist das Küssen auf die Wangen eine gebräuchliche Begrüßungsgeste unter Freunden und Bekannten.

Beobachtung:

Achte darauf, wie Menschen in verschiedenen Kulturen Begrüßungen handhaben und ob sie körperlichen Kontakt oder Distanz bevorzugen.

Dies hilft, interkulturelle Missverständnisse zu vermeiden und zeigt Respekt vor den kulturellen Gepflogenheiten des anderen.

Praxisbeispiel:
Informiere dich im Voraus über die Begrüßungsgesten des Landes oder der Kultur, mit der du zu tun hast. Eine respektvolle Anpassung an lokale Gepflogenheiten zeigt Wertschätzung und Offenheit.

TIP: Passe deine Begrüßung an die kulturellen Normen an. Eine respektvolle Begrüßung hilft, eine positive Grundlage für die weitere Interaktion zu schaffen.

2. Unterschiedliche Vorstellungen von persönlichem Raum

Beschreibung:
Der persönliche Raum und die Distanz, die Menschen in Gesprächen einnehmen, variieren stark zwischen verschiedenen Kulturen.

In nordeuropäischen Ländern wie Deutschland oder Skandinavien ist ein größerer persönlicher Abstand üblich, da dieser Raum als respektvoll empfunden wird.

In südlichen Ländern wie Italien oder Spanien ist ein geringerer Abstand normal und wird als Zeichen von Vertrautheit und Engagement wahrgenommen. In Ländern des Nahen Ostens ist eine größere Nähe zwischen gleichgeschlechtlichen Personen oft akzeptiert, während gegenüber Personen des anderen Geschlechts mehr Distanz gewahrt wird.

Beobachtung:

Achte darauf, wie nah oder distanziert Menschen in Gesprächen stehen, und passe dich diesem Abstand an, um ein respektvolles Miteinander zu fördern. Dies zeigt, dass du die kulturellen Gepflogenheiten anerkennst und dich auf die Bedürfnisse des Gegenübers einstellst.

Praxisbeispiel:

Halte in interkulturellen Situationen den persönlichen Raum deines Gegenübers im Blick und passe deinen Abstand respektvoll an, um Missverständnisse zu vermeiden.

TIP: Beachte den kulturellen Unterschied im persönlichen Raum und respektiere ihn. Ein angemessener Abstand schafft eine angenehme Gesprächsatmosphäre.

3. Unterschiedliche Blickkontaktgewohnheiten

Beschreibung:
Blickkontakt ist ein weiteres Merkmal, das zwischen Kulturen stark variiert. In westlichen Ländern wie den USA oder Deutschland wird direkter Blickkontakt oft als Zeichen von Ehrlichkeit und Interesse betrachtet.

In vielen asiatischen Kulturen, etwa in Japan oder Korea, kann direkter und langanhaltender Blickkontakt jedoch als zu intensiv oder respektlos empfunden werden, insbesondere gegenüber älteren Personen oder Vorgesetzten. In diesen Kulturen ist es oft üblich, den Blick eher zu senken, um Respekt und Höflichkeit auszudrücken.

Beobachtung:
Achte auf die Art und Dauer des Blickkontakts, den Menschen aus verschiedenen Kulturen bevorzugen.

Dies hilft, die Gesprächsdynamik respektvoll und harmonisch zu gestalten und Missverständnisse zu vermeiden.

Praxisbeispiel:

Passe deine Blickgewohnheiten der Kultur deines Gesprächspartners an.

In Kulturen, in denen direkter Blickkontakt weniger gebräuchlich ist, kannst du deinen Blick gelegentlich abwenden, um Respekt zu signalisieren.

TIP: Respektiere unterschiedliche Blickkontaktgewohnheiten. Dies zeigt interkulturelle Sensibilität und fördert eine positive Gesprächsatmosphäre.

4. Körpersprache und Gesten verstehen

Beschreibung:

Gesten und Körpersprache haben in verschiedenen Kulturen oft unterschiedliche Bedeutungen.

Beispielsweise ist das „Daumen-hoch"-Zeichen in westlichen Kulturen ein positives Symbol, das Zustimmung ausdrückt, während es in anderen Kulturen wie dem Nahen Osten als beleidigend empfunden werden kann.

Auch das Zeigen mit dem Finger oder das Falten der Hände hinter dem Rücken kann in manchen Ländern als unhöflich gelten. Ein weiteres Beispiel ist das Kopfschütteln, das in Indien oft als Zustimmung und nicht als Ablehnung interpretiert wird.

Beobachtung:

Sei dir bewusst, dass deine Körpersprache und Gesten in anderen Kulturen anders verstanden werden könnten. Vermeide Gesten, die möglicherweise missverstanden werden, und beobachte, wie dein Gegenüber auf deine Körpersprache reagiert.

Praxisbeispiel:

Informiere dich über Gesten und ihre Bedeutungen, bevor du mit Menschen aus anderen Kulturen interagierst, um unangenehme Missverständnisse zu vermeiden und Respekt zu zeigen.

TIP: Verwende Gesten bewusst und passe deine Körpersprache der Kultur deines Gesprächspartners an, um Missverständnisse zu vermeiden.

5. Unterschiedliche Gesprächsstile und Ausdrucksweisen

Beschreibung:

Kulturen unterscheiden sich auch in der Art und Weise, wie sie kommunizieren und Informationen austauschen.

In westlichen Ländern wie Deutschland oder den USA ist eine direkte Kommunikation üblich, bei der Menschen ihre Meinung klar und deutlich äußern.

In asiatischen Ländern wie Japan und China wird hingegen oft eine indirektere Ausdrucksweise bevorzugt, um Konflikte zu vermeiden und die Harmonie zu wahren. In diesen Kulturen werden Meinungen und Kritik häufig subtil vermittelt, um das Gesicht des Gegenübers zu wahren.

In südeuropäischen oder lateinamerikanischen Kulturen wird oft ein emotionaler und enthusiastischer Kommunikationsstil geschätzt, der intensive Gesten und eine lebendige Mimik einschließt.

Beobachtung:

Achte darauf, wie dein Gesprächspartner seine Meinung äußert und passe deinen Kommunikationsstil gegebenenfalls an, um die Interaktion positiv und respektvoll zu gestalten. Wenn du erkennst, dass jemand lieber indirekt kommuniziert, solltest du auf subtile Hinweise achten und nicht zu direkt nachfragen.

Praxisbeispiel:

In Gesprächen mit Personen aus Kulturen, in denen indirekte Kommunikation bevorzugt wird, kannst du Fragen vorsichtiger formulieren und weniger direkt sein. Dies schafft eine angenehme Atmosphäre und zeigt Verständnis für den kulturellen Kontext.

TIP: Achte auf den bevorzugten Kommunikationsstil deines Gegenübers und passe deinen Stil an, um eine respektvolle und angenehme Gesprächsatmosphäre zu schaffen.

6. Bedeutung von Hierarchie und Respekt gegenüber Autoritäten

Beschreibung:

In vielen Kulturen spielt der Respekt gegenüber Autoritäten und Älteren eine zentrale Rolle. In asiatischen Ländern wie Japan und Südkorea wird Hierarchie strikt beachtet, und es wird erwartet, dass jüngere oder niedriger gestellte Personen Älteren oder Vorgesetzten Respekt zeigen – etwa durch formale Anrede, Verbeugungen oder zurückhaltenden Blickkontakt.

In westlichen Ländern wie den USA oder Deutschland ist die Hierarchie oft weniger ausgeprägt, und viele Arbeitskulturen fördern eine gleichwertige, informelle Kommunikation, auch mit Vorgesetzten. Dies führt zu einem entspannten Umgang mit Autoritäten.

Beobachtung:

Achte darauf, wie Menschen in verschiedenen Kulturen mit älteren oder ranghöheren Personen interagieren. Wenn in einer Kultur starker Respekt vor Hierarchien üblich ist, passe deine Körpersprache und dein Verhalten dementsprechend an.

Praxisbeispiel:

Zeige in Kulturen mit ausgeprägter Hierarchie besonderen Respekt gegenüber älteren oder höher gestellten Personen, z. B. durch förmliche Anrede und eine zurückhaltende Körperhaltung. Dies signalisiert Respekt und Anpassungsfähigkeit.

TIP: Berücksichtige die Bedeutung von Hierarchie und Respekt in interkulturellen Begegnungen. Ein respektvolles Verhalten gegenüber Autoritäten hilft, eine positive Verbindung aufzubauen.

7. Unterschiedliches Verständnis von Pünktlichkeit und Zeitmanagement

Beschreibung:

Das Verständnis von Pünktlichkeit und Zeit kann kulturell stark variieren. In Ländern wie Deutschland, Japan oder der Schweiz ist Pünktlichkeit ein Zeichen von Respekt und Professionalität.

Es wird erwartet, dass man Termine genau einhält, und Verspätungen werden oft als unhöflich empfunden.

In südlichen Ländern wie Italien, Spanien oder vielen arabischen Ländern ist das Zeitverständnis hingegen flexibler. Dort wird Pünktlichkeit oft weniger streng gehandhabt, und soziale Beziehungen haben häufig Vorrang vor Zeitplänen.

Beobachtung:
Achte darauf, wie Menschen in unterschiedlichen Kulturen mit Zeit und Terminen umgehen. In Kulturen mit einem flexiblen Zeitverständnis kann es hilfreich sein, etwas geduldiger zu sein und sich auf ein entspannteres Timing einzustellen.

Praxisbeispiel:
Wenn du in einer Kultur bist, die ein strenges Zeitverständnis pflegt, erscheine unbedingt pünktlich oder sogar etwas früher. In Kulturen mit einem entspannteren Umgang mit Zeit solltest du flexibel bleiben und Geduld zeigen, falls sich der Zeitplan verzögert.

TIP: Achte auf das kulturelle Zeitverständnis. Eine respektvolle Anpassung an die Erwartungen des Gegenübers zeigt Offenheit und interkulturelle Kompetenz.

8. Unterschiedliche Essensrituale und Tischsitten

Beschreibung:

Essensrituale und Tischsitten sind in vielen Kulturen unterschiedlich und können bei interkulturellen Begegnungen Missverständnisse hervorrufen.

In Japan ist es beispielsweise üblich und akzeptiert, beim Essen von Nudeln Geräusche zu machen, da dies als Zeichen für Genuss und Wertschätzung des Essens gilt. In westlichen Ländern wird dies jedoch oft als unhöflich empfunden.

In arabischen und indischen Kulturen ist es üblich, nur mit der rechten Hand zu essen, da die linke Hand als unrein betrachtet wird. Auch die Rolle des Gastgebers und die Reihenfolge des Servierens können je nach Kultur variieren.

Beobachtung:

Beobachte die Essgewohnheiten und Tischsitten deines Gegenübers, um dich respektvoll an die kulturellen Regeln anzupassen. Ein angemessenes Verhalten am Tisch zeigt interkulturelle Sensibilität.

Praxisbeispiel:

Informiere dich im Vorfeld über die Essensrituale der Kultur, in der du dich befindest. Wenn du unsicher bist, orientiere dich an den Handlungen des Gastgebers oder der anwesenden Personen.

TIP: Beachte die Essensrituale und Tischsitten. Ein respektvolles Verhalten bei gemeinsamen Mahlzeiten stärkt die Beziehung und zeigt kulturelles Verständnis.

9. Umgang mit Emotionen in der Öffentlichkeit

Beschreibung:

Der Umgang mit Emotionen in der Öffentlichkeit ist kulturell unterschiedlich. In Ländern wie Italien, Spanien und Brasilien ist ein offener Ausdruck von Emotionen – wie Freude, Ärger oder Begeisterung – üblich und wird als authentisch und sympathisch wahrgenommen.

Menschen zeigen ihre Gefühle oft durch Gesten, Mimik und laute Sprache. In Ländern wie Japan, Deutschland oder den skandinavischen Ländern hingegen wird Zurückhaltung bevorzugt.

Emotionale Zurückhaltung in der Öffentlichkeit gilt dort als professionell und respektvoll, da das öffentliche Zeigen von Emotionen eher als unangemessen oder störend empfunden wird.

Beobachtung:

Achte darauf, wie Menschen in der jeweiligen Kultur mit ihren Emotionen umgehen und wie stark sie ihre Gefühle zeigen. In Kulturen, die eher zurückhaltend sind, solltest du selbst auf eine gemäßigte Ausdrucksweise achten, um respektvoll zu wirken.

Praxisbeispiel:

Passe deine Emotionen an das Umfeld an. In zurückhaltenden Kulturen solltest du deine Emotionen dezent zeigen, während in expressiveren Kulturen ein lebendigerer Ausdruck besser ankommt.

TIP: Beachte den kulturellen Umgang mit Emotionen. Ein angepasster Ausdruck von Gefühlen zeigt Respekt und Verständnis für die jeweilige Kultur.

10. Kommunikationsstil: Direkte vs. indirekte Kommunikation

Beschreibung:

Der Kommunikationsstil variiert stark zwischen Kulturen, wobei einige eher einen direkten und andere einen indirekten Stil bevorzugen.

In Ländern wie Deutschland, den Niederlanden und den USA ist direkte Kommunikation geschätzt. Es wird erwartet, dass Menschen klar und offen sprechen, da dies als ehrlich und effizient gilt.

In Ländern wie Japan, China und vielen arabischen Ländern wird oft indirekter kommuniziert. Menschen formulieren Aussagen vorsichtiger, um die Harmonie zu wahren und das Gegenüber nicht in Verlegenheit zu bringen. Hier sind Subtilität und das Lesen zwischen den Zeilen wichtig.

Beobachtung:

Achte darauf, ob dein Gegenüber eine direkte oder indirekte Ausdrucksweise bevorzugt. In Kulturen mit indirekter Kommunikation kann es sinnvoll sein, vorsichtiger und diplomatischer zu formulieren, um Missverständnisse und Unannehmlichkeiten zu vermeiden.

Praxisbeispiel:

Wenn du mit Personen aus Kulturen interagierst, die eine indirekte Kommunikation bevorzugen, solltest du deinen eigenen Kommunikationsstil anpassen und respektvoll und umsichtig formulieren.

TIP: Passe deinen Kommunikationsstil an die Kultur an. Respekt für den bevorzugten Stil zeigt interkulturelles Verständnis und hilft, Missverständnisse zu vermeiden.

Zusammenfassung

Kulturelle Unterschiede beeinflussen die Körpersprache und die Art der Kommunikation in entscheidendem Maße. Begrüßungsrituale, Blickkontakt und der persönliche Abstand variieren stark zwischen verschiedenen Kulturen. Während in westlichen Ländern wie Deutschland direkter Blickkontakt geschätzt wird, gilt er in manchen asiatischen Kulturen als unhöflich.

Auch die Gesten können unterschiedliche Bedeutungen haben – ein „Daumen hoch" ist in Europa positiv, in anderen Regionen jedoch beleidigend.

Diese Unterschiede zu erkennen und sich anzupassen, zeigt Respekt und fördert ein harmonisches Miteinander. Achte darauf, wie dein Gegenüber sich verhält, und orientiere dich an den kulturellen Gepflogenheiten.

So vermeidest du Missverständnisse und baust Vertrauen auf. Indem du dich auf die Perspektive deines Gesprächspartners einstellst, kannst du Brücken zwischen unterschiedlichen Kulturen schlagen und echte Verbindungen schaffen.

Schlusswort
Ein Wegweiser für die Zukunft

Körpersprache zu verstehen ist eine Kunst, die weit über das bloße Beobachten hinausgeht. Es ist wie ein Schlüssel, der dir Türen zu einem tieferen Verständnis von Menschen öffnet – in Gesprächen, bei Verhandlungen oder in zwischenmenschlichen Beziehungen.

Dabei geht es nicht nur darum, dein Gegenüber zu durchschauen, sondern auch darum, wie du selbst wahrgenommen wirst. Alles, was du in diesem Buch gelernt hast, hilft dir, bewusster zu agieren und deine zwischenmenschlichen Fähigkeiten zu verbessern.

Im Alltag sind wir ständig von Signalen umgeben – kleine Bewegungen, Blicke, Gesten oder sogar Pausen. Manche davon sind eindeutig, andere subtiler.

Doch jetzt weißt du: Jedes Signal hat eine Bedeutung, und wenn du sie richtig deutest, kannst du Situationen besser einschätzen, gezielter handeln und auf Augenhöhe kommunizieren.

Am Ende geht es nicht nur darum, Menschen „lesen" zu können, sondern auch darum, empathisch und respektvoll zu sein.

Dein Wissen über Körpersprache und nonverbale Kommunikation sollte dir nicht nur einen Vorteil verschaffen, sondern auch dabei helfen, echte Verbindungen zu knüpfen und Vertrauen aufzubauen.

1. Die wichtigsten Erkenntnisse zusammengefasst

In den Kapiteln hast du gelernt:

- Wie du Lügen erkennst und Unsicherheiten aufdeckst, indem du auf Mikroexpressionen, Blickkontakt und Stimmverhalten achtest.

- Wie Emotionen durch subtile Signale wie Gesichtsausdrücke und Haltung sichtbar werden.

- Wie Stress und Nervosität sich durch Körpersprache zeigen, sei es durch Zappeln, flache Atmung oder unruhige Bewegungen.

- Wie interkulturelle Unterschiede in Gesten, Blickkontakt oder Begrüßungen berücksichtigt werden sollten, um Missverständnisse zu vermeiden.

- Wie du mit gezielter Körpersprache Flirtsignale aussendest oder Beziehungen stärkst.

All diese Fähigkeiten bauen aufeinander auf. Jedes Kapitel hat dir gezeigt, wie du einzelne Signale erkennen kannst – aber die wahre Stärke liegt darin, diese Signale im Zusammenspiel zu lesen.

Denn kein Mensch sendet nur ein einzelnes Signal. Indem du die verschiedenen Hinweise kombinierst, bekommst du ein vollständigeres Bild.

2. Praktische Übungen für den Alltag

Damit du das Gelernte auch anwenden kannst, sind hier ein paar praktische Übungen, die dir helfen, deine Beobachtungsgabe zu schärfen und deine eigene Körpersprache bewusst einzusetzen:

- **Übung 1: Körpersprache im Café beobachten**

Setz dich in ein Café oder einen öffentlichen Raum und beobachte die Menschen um dich herum. Achte auf ihre Haltung, Gesten und Mimik. Was verrät ihre Körpersprache über ihre Stimmung oder Beziehung zueinander? Schreib dir interessante Beobachtungen auf und versuche, Muster zu erkennen.

- **Übung 2: Deine eigene Körpersprache testen**

Stell dich vor einen Spiegel und probiere verschiedene Haltungen aus. Wie wirkst du, wenn du dich aufrecht hinstellst, versus wenn du dich zusammenziehst? Übe eine offene, raumeinnehmende Haltung, die Selbstsicherheit ausstrahlt. Beobachte, wie sich dein inneres Gefühl verändert.

- **Übung 3: Flirten durch Blickkontakt**

Übe, wie du mit Blickkontakt Interesse signalisierst. Achte darauf, den Blick nicht zu lange oder zu kurz zu halten, und kombiniere ihn mit einem leichten Lächeln. Diese Übung hilft dir, authentisch und charmant zu wirken.

- **Übung 4: Stresssignale bewusst wahrnehmen**

Beobachte bei deinem nächsten Gespräch, ob dein Gegenüber Anzeichen von Nervosität zeigt, wie z. B. das Wippen mit dem Fuß oder das Berühren des Gesichts. Überlege, wie du die Situation entspannen kannst – vielleicht durch ein Lächeln oder eine positive Bemerkung.

- **Übung 5: Nonverbale Machtspiele erkennen und reagieren**

Achte in deinem nächsten Meeting oder Gespräch darauf, ob jemand Raum einnimmt, Blickkontakt hält oder gezielt Pausen setzt, um Dominanz zu zeigen. Teste, wie du mit einer ruhigen Haltung und bewusstem Blickkontakt darauf reagierst.

- **Übung 6: Interkulturelle Gesten üben**

Informiere dich über Begrüßungsrituale und Gesten in anderen Kulturen. Probiere aus, wie du z. B. eine Verbeugung oder ein Händeschütteln in respektvoller Weise umsetzen kannst. Diese Übung stärkt dein interkulturelles Verständnis.

3. Die Balance finden

Letztlich ist das Ziel, Körpersprache als Werkzeug zu nutzen, ohne die Authentizität zu verlieren. Es geht darum, andere besser zu verstehen und gleichzeitig empathisch und respektvoll zu bleiben. Dein Wissen über nonverbale Signale wird dir in vielen Situationen helfen, sei es im Beruf, in Beziehungen oder einfach im Alltag.

Vergiss aber nie: Es geht nicht darum, perfekt zu sein oder ständig alles zu analysieren. Manchmal reicht es, aufmerksam zu sein und dein Gegenüber wahrzunehmen. Denn oft liegt die Kunst des Verstehens in der Einfachheit.

Abschließende Worte

Du hast nun ein Werkzeug an der Hand, das dir in vielen Lebensbereichen von Nutzen sein kann. Ob du dich in einem wichtigen Gespräch sicher fühlst, Missverständnisse in interkulturellen Situationen vermeidest oder einfach authentisch auftrittst – Körpersprache ist dein Schlüssel zu besserer Kommunikation.

Denk daran: Übung macht den Meister. Je öfter du Menschen beobachtest und auf ihre Signale achtest, desto leichter wird es dir fallen, ihre Körpersprache zu entschlüsseln. Und genauso wichtig: Arbeite auch an deiner eigenen Körpersprache, um die Wirkung zu erzielen, die du dir wünschst.

Viel Erfolg beim Beobachten, Verstehen und Anwenden!